Kids
I CAN PLEASE ONLY ONE PERSON A DAY.
TODAY IS NOT YOUR DAY
TOMORROW DOESN'T LOOK GOOD EITHER
Grand Hotel Mamma
GESTIONE AMICHEVOLE E CUCINA CASALINGA
tutto si può avere chiedendo gentilmente
Laundry ROOM RULES
If you wear it you wash it
there are 10,080 minutes in a week

12 Enkel, bitte!

COLLECTION
ROLF HEYNE

Inga Griese

12 Enkel, bitte!

Als Großmutter an der Familienfront

Collection Rolf Heyne

Vorwort

Dies wird ein – heiteres – Buch darüber, wie es ist, Großmutter zu werden. Aber auch darüber, was es bedeutet – über die gesellschaftliche Relevanz. Es ist eine Auseinandersetzung mit dem Älterwerden und dem Alter, mit Vorbildern. Und es ist eine Erzählung über Erziehung und Werte, über die Konsequenzen aus dem Ich-Kurs, den wir in den Siebzigerjahren eingeschlagen haben und nun, nicht nur aus rentenfinanziellen Gründen, wieder ändern müssen. Es wird ein Buch über die Mühe und das Glück, eine große Patchworkfamilie zu haben. Über den Zusammenhalt.

Unser »Seelenort« ist Sylt, zufällig. Es könnte ebenso gut ein Schrebergarten in Berlin sein oder ein Balkon in Mannheim. Es geht nicht um Geld. Das wird zu oft als Ausrede benutzt. Das Familienprinzip ist sowieso unbezahlbar.

Zwölf

Oma? Omi? Großmutter? Hm.
Inga? Um Himmels willen, nein!
Moma, die Mischung aus Oma und Mama, weil ich ja immer auch Mama bleiben werde? Klingt zu sehr nach New Yorker Kunstmuseum, oder?
Momi vielleicht. Aber wäre mein Mann dann Popi? Oha.
Granny?
Alles unwichtig. Wichtig ist nur: Anna, unsere Große, bekommt ein Baby! Und ich werde GROSSMUTTER. Meine Güte, was für eine Freude!

Zwölf – das ist seit einiger Zeit der Running Gag in unserer Familie. Weil ich längst schon eine Bestellung aufgegeben habe, bei den Kindern und beim lieben Gott und bei meinen Eltern, die im Himmel über uns wachen.
Zwölf Enkel, das schien mir nicht zu verwegen bei fünf Kindern in unserer Patchworkfamilie. Meine Mutter kam auf mehr, wir Geschwister sind auch fünf, und eine Großfamilie ist das Beste, was einem im Leben widerfahren kann. Jedenfalls in meinem Leben.
Doch es war natürlich immer auch ein Späßchen mit der Enkelbestellung. Und sie richtete sich in weite Ferne. Ich bin mit dreiundzwanzig Jahren zum ersten Mal Mutter geworden; das war damals – 1979 – nicht so ungewöhn-

lich, wie es heute klingt. Ich war auch nicht ungeduldig wegen der Enkel. Die Dinge und Partnerschaften müssen sich schließlich fügen. Das Leben ist ja kein Internetshop. Und doch – »zwölf Enkelkinder«, das dachte (und sagte) ich gern. Ich sah sie und mich an einem schönen Sommertag am Strand von Sylt im Sand sitzen und über bedeutende Dinge sprechen. Warum das Meer kommt und geht. Warum das Meer nicht zischt, wenn die heiße Sonne darin versinkt. Wir würden verhandeln, ob es ein weiteres Eis gibt. Und ich würde am Ende jedes Mal verlieren …

Ich würde ihnen zeigen, wie man klatschnassen Sand durch die Hände rinnen lässt und damit Tropfsandpaläste baut. Ich würde einen Bollerwagen kaufen wie früher schon und Berge von Broten und Obst und Wasser und Spielzeug für einen langen Tag in einer Ikeatasche an den Strand schleppen. Ich würde als Großmutter an Zeitzuwendung gutmachen, was ich als Mutter nicht leisten konnte. Ich würde versuchen, die alten Regeln des Generationenvertrages wenigstens für ein paar Wochen im Jahr wiederherzustellen. Nämlich, dass die Alten die Kinder entlasten, die schaffen müssen. Entlasten auch vom schlechten Gewissen. Was nicht gleichbedeutend ist mit Einmischen.

Wir würden durch die Heide marschieren, und ich würde laut und beglückt ausrufen: »Ach Kinder, wie es hier duftet!« So wie es meine Mutter schon tat und die Mutter der Enkel auch. Und ich würde Geschichten von ihren Eltern erzählen: als sie klein waren und immer »Kurtkarten« zu den Kurkarten sagten, die man für den Strandzugang

braucht. Weil sie selbstverständlich dachten, dass die so heißen wegen Kurt, unserem Strandkorbwärter.
Und von ihrer Mama, meiner jüngeren Tochter, die, als sie vier Jahre alt war, mit ihrem Müllermilch-Bauch und der Fontänenfrisur in den Goldlocken von Strandkorb zu Strandkorb ging, wildfremde Menschen anstrahlte und fragte: »Haben Sie Kekse?« Sie futterte sehr viele Kekse in jenem Sommer. Dann erzähle ich Ihnen unsere Familiengeschichte.
Ich würde von den Dünen erzählen, die früher so hoch waren wie Stadthäuser und längst schon vom Meer verschlungen sind. Ich würde ihnen zeigen, wie man mit der Brandung umgeht, ihnen Respekt beibringen vor den ungeahnten Kräften des Meeres und ihnen erklären, dass kein Mensch wirklich stärker ist als die Natur. Und ich würde von Mara erzählen, der alten, geliebten Hündin, deren Urne an ihrem Sommerlieblingsplatz im feuchten Beet begraben ist, ganz nah dem Ort, wo wir auch so gern sitzen: gegenüber auf der Bank vor der Küche.

Mara

Als wir einen zweiten, jungen Labrador hatten, George die Wasserratte, ging Mara stets so lange am Wassersaum auf und ab, bis ihr Kumpel wieder herauskam. Und sie bellte, wenn er es nicht tat. Gerade so, wie ich es immer gemacht habe, als unsere Kinder klein waren, und wie ihre Mütter es jetzt auch mit ihnen tun. Nur hielt Mara kein Handtuch parat – dazu hatte sie keine Lust, oder vielleicht fand sie es auch unter ihrer Würde. Sie trug auch keine Brötchentüten oder Zeitungen. Und ich hätte sie nie darum gebeten. Sie trug höchstens Knochen auf ihr Kissen. Sie war schließlich ein Hund. Und was für einer.

Sie starb an einem Dienstag. Ihr ganzes fast vierzehnjähriges Leben gehörte sie zur Familie, und es ist bis heute sehr merkwürdig, dass sie nicht mehr da ist. Auch für ihren Freund George, den schönen, blonden, nicht zu intelligenten, aber dafür hochanständigen George, der sich nicht mehr für andere Hunde interessiert. Es sei denn, sie sind schwarz und ungefähr so groß wie Mara. Ich war immer der Meinung, dass ein Hund ein Hund und ein Kind ein Kind ist – die Ersatzhaltung war mir, der Großfamilienglucke, fremd. Unsere Hunde waren und sind geliebt, aber sie durften nie in Kinderzimmern oder im Elternbett schlafen; ich fand das einfach unappetitlich. Sie hatten ihr eigenes Reich, aßen auch nicht mit uns am Tisch und lagen nie auf Sofas, sondern auf dem Boden. Aber sie gehörten ganz selbstverständlich dazu. Und es soll keiner glauben, gut erziehbare Hunde, wie Labradore es im Gegensatz zu den – oh wie süß!! – Terriern sind, hätten keine Persönlichkeit. Mara ohnehin. Wenn wir Mädels in der Küche standen und schnatterten, stellte sie sich gern dazu, hörte genau hin und blickte von einer zur anderen. Gebellt und gesprochen hat sie nicht; das war nicht nötig, man hat sie auch so verstanden. Kam mein Mann gestresst nach Hause, setzte sie sich zu ihm, legte ihm die Pfote aufs Knie und zog die Augenbrauen hoch: »Na, was war los?« Sie konnte wunderbar zuhören.

Als unsere jüngere Tochter mal einen ängstlichen Abend hatte und wir Großen trotzdem alle wegmussten, da legte Mara sich – nachdem wir gefahren waren – heimlich vor ihre Zimmertür, oben im Haus, wo sie sonst nie hin durfte. Wachte vor der Tür, bis wir nach Hause kamen. Diesen Abend und dann noch drei weitere Freitage in Folge. Nur freitags. Und obwohl wir gar nicht fort waren.

Mara wurde alt und krank. Ich wusste schon länger, dass es nicht mehr lange gehen könnte, aber wir hofften, einen schönen Sommer auf Sylt, ihrem liebsten Ort, den würde sie noch schaffen. Sie war eigensinnig geworden, dement, hörte kaum noch, konnte nur mühsam laufen, und ihre zunehmende Inkontinenz nervte schon sehr. Aber die Vorstellung, sie einschläfern zu lassen, eines Tages vorsätzlich zum Tierarzt fahren zu müssen, trieb mich um, ohne dass ich eine Lösung fand. Hin- und hergerissen zwischen der Verantwortung und womöglich erlösender Liebe zu ihr und dem unbehaglichen Gefühl, über ein Dasein zu entscheiden.

Doch so großartig dieser Hund im Leben war, so treu war sie an ihrem Ende. Sie hat uns die schwere Entscheidung abgenommen. Und ausgerechnet als sie sich zum Sterben hinlegte, war ich in einer anderen Stadt. Mein Mann, unser treuer Hausmeister und auch der fabelhafte Tierarzt, der sogar noch eine Mund-zu-Mund-Beatmung versuchte, haben ihr beigestanden, es hat zum Glück auch nicht lange gedauert.

Aber mit einem Hund ist es wie mit Menschen: Es ist furchtbar traurig, am Ende dabei zu sein, und doch bringt das unmittelbare Abschied-nehmen-Können einen gewissen Frieden mit sich. Den suche ich in Erinnerungen. Wir haben sie einäschern lassen und in einer kleinen Urne im Garten in Kampen begraben; auf dem Grab steht ein kleiner, kecker Gummigartenzwerg, ein Trostgeschenk von einer lieben Freundin. Klingt das lächerlich? Egal.

Mara liegt in jenem Beet mit Blick auf den dänischen Horizont, an dem wir Sommer für Sommer unser Spiel spielten. Das ging so: Ich ließ einen knappen Meter Erde unbepflanzt, weil es an warmen Tagen offenbar für Hunde nichts Schöneres gibt, als auf feuchtem Boden zu dösen. Links und rechts davon setzte ich Margeriten, auf die Mara sich mit größter Wonne so lange legte, bis sie platt wie Auslegeware waren. Ich dachte zunächst, vielleicht wäre die Stelle einfach windiger oder irgendwie hundiger und ließ im nächsten Sommer dort die Pflanzen weg. Klar, wo der Hund sich hinlegte. Über Jahre haben wir das ritualisiert: Blumen links, Lücke rechts, Blumen rechts, Lücke links, Mara links oder rechts. Immer auf den Blumen. Seit jenem Sommer, den sie nicht mehr erlebte, setzt George die Tradition fort.

Nun. So wie ich schon als junger Mensch davon träumte, dass eines Tages meine Kinder mir und den weit geöffneten Armen entgegenlaufen, so träumte ich schon lange davon, dass es eines Tages auch Enkel tun würden. Und ich würde sie fest drücken und geborgen halten und sehr lieben, so wie ihre Eltern. Ich würde versuchen, das große Glück, das Familie bedeutet, weiterzugeben, weiterzusäen.
Egal, was die Leute reden, veröffentlichen. Vergessen haben.

Anna ruft an – erste Klappe

Samstag.
Warum sitzen im vollen Flugzeug so häufig Männer neben mir, die von Deo offenbar nichts halten, dafür aber gern mit ausgestrecktem Arm die Hand auf der Kopfstütze des Vordermannes lagern und so ein Rechteck des Grauens bilden? Todmüde, overtravelled, überarbeitet und angestrengt vom Geruch des Sitznachbarn, dem Krach und Gedränge auf dem Flughafen in Palma de Mallorca, außerdem voll von schlechtem Gewissen, das Wochenende auf der spanischen Insel zu verbringen statt vor dem Schreibtischberg zu Hause, wühlte ich in der Handtasche dem Klingeln des Mobiltelefons hinterher. Ich dachte, es wäre mein Mann, der aus einer anderen Stadt kommend

bereits früher gelandet war und schon mal den Mietwagen von »Mallorca-Gerd« in Empfang nehmen wollte. Und der jetzt wahrscheinlich von seiner chronisch verspäteten Frau hören wollte, wann sie denn wohl mal herauskäme aus dem Terminal. Ich irrte allerdings noch durch die langen Gänge, kämpfte mit dem eigenartigen Rechtsdrall des kleinen Trolleys und war ohnehin im Stressmodus. Was man der Stimme offenbar sofort entnimmt. Meine Familie kennt mich.

»Jaaa?!!«

Es war aber nicht mein Mann.

»Mama? Hier ist Anna. Ist Peter auch da?«

»Nee, du, ich … ähm, alles gut, er holt mich ab, ich komme gerade aus Frankfurt, wir wollen ein kurzes Wochenende auf Mallorca verbringen. Im Grunde genommen ja herrlich, aber ich hab eigentlich gar keine Zeit, und mein Kopf platzt gleich, na, du kennst das ja. Mensch, dieser blöde Gepäckwagen knallt gleich gegen die Wand. Menno! Äh … und du, Süße?«

»Gut, Mama, dann ruf ich später noch mal in Ruhe an.«

Gespräch beendet.

Öh? Was war das denn?

Solche Sätze sagen wir nicht: »Ich ruf später noch mal in Ruhe an.« Wir besprechen möglichst immer sofort und auch unter den unmöglichsten Umständen gleich alles. Es sei denn, der Akku ist leer.

Ich lasse auch in den USA oder in anderen Ländern mein Handy immer an, unabhängig von der Zeitverschiebung.

Ich liebe es, stets erreichbar zu sein. Das hat schon zu köstlichen Situationen geführt. Anrufer aus Deutschland zum Beispiel sehen schließlich nicht, dass ich gerade in Washington schlafe. Und so global die Welt ist – wenn man mitten in der eigenen Nacht und mitten im Arbeitstag der anderen sagt: »Bin gerade in den USA«, dann erzeugt das immer noch Erstaunen, Entschuldigen, Aufregung. Das Wort Ferngespräch birgt offenbar immer noch eine gewisse Magie.

Mich aber beruhigt die ständige Erreichbarkeit. Die Vorstellung, ein Kind, mein Mann, Freunde könnten verzweifelt anrufen, weil ihnen etwas Schreckliches widerfahren ist, und ich wäre nicht zu kriegen, macht mich nervöser als ein Gespräch mitten in der Nacht. Zumal ich die Gabe besitze, gleich wieder einzuschlafen. Deshalb liebe ich auch Handys. So alt und erwachsen können die Kinder gar nicht werden, dass ich unerreichbar sein möchte.

Ich fürchte, das hat etwas mit Prägung zu tun. Das Handy gab mir das Gefühl, auch dann noch eine gute Mutter zu sein, wenn ich es aus meiner traditionellen Vorstellung heraus gar nicht war. Nämlich unterwegs, in der Redaktion, im Supermarkt, sonst wo, nur nicht bei den kleinen Kindern. Gerade Schulkinder müssen ja unbedingt so schnell wie möglich ihre Freude, ihre Sorgen, ihren Frust, ihre Aufregung loswerden können. Oder um prompte Aufklärung bei Grusel bitten. Es gibt Situationen, die vergisst Mutter nie. Diese zum Beispiel:

Geister

Es klingelt.
»Ja, mein Kleiner?«
»Mama, hier ist es unheimlich. So komische Geräusche.«
»Wo bist du?«
»In der Küche.«
»Wo sind deine Geschwister?«
»Weg. Weiß nich. Und es fiept hier so komisch. Vielleicht ist ein Geist im Haus.«
»Es gibt keine Geister. Wo kommt das Geräusch her?«
»Weiß nich, ist unheimlich.«
Panik steigt in Mama auf. Nützt nichts, der Weg von der Redaktion nach Hause dauert mindestens fünfunddreißig Minuten, und das nur mit Verkehrsregelüberschreitung, mindestens fünf Punkte in Flensburg.
Bleib ruhig, Inga. Nur keine Angst auf das Kind übertragen. Alte Mama-Regel. »Alles gut. Guck doch noch mal, wo das Geräusch herkommen kann.«
»Mach ich«, piepst die Stimme. Ich sehe, würg, einen kleinen blonden Jungen vor mir, der mit großen Augen durch die Küche blickt und sekündlich damit rechnet, dass gleich Darth Vader durch die Tür kommt. Wenn er nicht schon drin ist.
Herrgott noch mal, was bist du für eine Mutter!! Das regeln wir später, liebes Gewissen.

Durchatmen. »Halt mal den Hörer in die Luft, Zwergi, vielleicht kann ich das Geräusch erkennen.«
Pieps: »Mach ich.«
Oje!
»Mama?? Das ist echt unheimlich!«
Mir wird übel. Es pfeift und zischt tatsächlich. Immerhin ist es nicht das Röcheln von Darth Vader. Und plötzlich fällt mir das Geräusch ein. »Schau mal, steht da noch die Thermoskanne?«
»Ja.«
»Klapp mal den Deckel hoch.«
»Mach ich.« Tapfer.
Jup! Große Erleichterung! Das war das Geräusch, dieses fiepende Zischen, das aus der Kanne entwich (meiner Kaffeekanne natürlich!), deren Deckel nicht richtig offen und nicht richtig verschlossen war. Joey hat die Szene zum Glück schnell verdrängt. Ich nie. Wir haben noch andere. Von denen erzähle ich später.

Mamakaffee

Dieser Kaffee! Einer von vielen Running Gags in unserer Familie geht so: Wenn die Kinder mal etwas Schlimmes tun sollten, dann können sie wie in schlechten Filmen beim Richter um Strafmilderung bitten, weil sie einfach

neurotisch werden mussten. Denn jeden Morgen stellte ihre Mutter gnadenlos die Kaffeemahlmaschine an. Modell »Sägewerk lässt grüßen«. Das Bild dürfte sich in etwa folgendermaßen eingeprägt haben:
Ein Bademantel mit wilden Haaren oben dran und etwas dazwischen, das sich erst im Laufe des Tages zu Augen entwickeln wird, kommt in die Küche geschlurft und steuert – falls schon jemand dort ist, ein »Morgen« murmelnd – auf die Ausstellungsfläche des Küchengeräteherstellers in der linken Ecke des Raumes zu. Dort geschieht Folgendes: Schraube drehen, rrrröööhhhh, acht Tassen Wasser in den Schacht gefüllt, Filtertüte aus der Packung gefummelt, in den Filter der Maschine geschoben, hoffentlich daran gedacht, den alten Kaffee aus der blickdichten Kanne darunter wegzuschütten (!!), bevor der Startknopf gedrückt ist. Meine Güte, wie viele Liter übergelaufenen Kaffee habe ich schon aus der Küchenschublade gewischt!
Nun, ohne Kaffee funktionierte Mama halt nicht, das wissen die Kinder. Was dazu führte, dass ich an Muttertagen gern Teetrinkerin gewesen wäre. Jahrelang wurde nämlich mit größter Konzentration ein Tablett an mein Bett gezittert. Darauf Gänseblümchen und ein Becher Kaffee. Heldenhaft hatten die Kleinen das Schnarren der Mahlmaschine ertragen und eifrig den Kaffee in den Filter der Maschine gehäuft, schön voll bis oben hin und dann durchlaufen lassen. Ohne Filtertüte. Was unten herauskam, konnte man kauen. Ich habe das natürlich

begeistert »getrunken«; Liebesbeweise müssen nicht durch pädagogische Härte korrigiert werden. Bei Gelegenheit habe ich ihnen dann mal den Trick mit dem Filter gezeigt.
Im Nachhinein, also jetzt gerade, denke ich, ob der Muttertagskaffee vielleicht auch eine kleine Retourkutsche war? Ich höre sie kichern ... und ihre eifrige Diskussion auf den Stühlen vor der Maschine: Wie viel kommt da eigentlich rein? Und ist da nicht manchmal so ein Papier? Nee, ach so, besser nicht. Auch Kaffeemachen war eine Kinderteam-Entscheidung.

Alarmglocken

Also, das Handy diente auch als Vorwarnsystem. Ein schneller Anruf auf dem Weg nach Hause: Achtung, Achtung! Mama nähert sich! Hat grad keine soo gute Laune. War ein doofer Tag. ALLE Schularbeiten FERTIG?? Zimmer??? Wie sehen die aus?? Was einen halt so interessiert als Erziehungsberechtigte.
Um dann, auch so ein Klassiker, noch mal anzurufen, weil auf der Strecke vom Büro nach Hause ein McDonald's liegt: »Any orders?« Man ist schließlich auch Verziehungsberechtigte. »Any orders?«, sage ich noch heute vor mich hin, wenn ich an dem Drive thru vorbeifahre. Und lache.

Rückblickend frage ich mich natürlich manchmal entsetzt, ob wir uns womöglich jahrelang nur von Juniortüten ernährt haben.
In der Schublade vom Küchentisch liegen neben den Servietten mit den Fratzengesichtern (der gähnende Typ war der Beliebteste, die Mädchen hatten den mit der Locke) immer noch Gimmicks aus der Zeit. Ein wackelnder Obelix, Fabius, der gelbe Doktorfisch und Freund von Disneys Meerjungfrau Arielle, eine sternförmige Klapper. Und natürlich John Smith, der Freund von Pocahontas. Mit abnehmbarer Rüstung. Ein Knaller war das. Die Servietten haben wir lange nicht benutzt, sie riechen inzwischen nach Holzschublade. Aber die Ringe sind geputzt.
Manchmal (nein, ehrlich: oft!) haben wir an diesem Tisch richtig Abendbrot gegessen. Klassisch oder warm, je nachdem, wie der Tag so lief. Oft gab es mittags nur irgendetwas, oder die Kinder aßen in der Schule oder im Kindergarten. Ich war nicht immer da. Was geregeltes Essen angeht, bin ich kein Vorbild. Aber ich war immer schon ein Freund von Abendgemütlichkeit. Ich mag auch keine Esszimmer, würde im Zweifelsfall lieber aufs Wohnzimmer verzichten als auf die Wohnküche. Der große Tisch mit der Bank und den dicken Kissen ist der Platz, wo alles sich findet. Im direkten wie im übertragenen Sinn. An diesem Platz spielt auch die gleich folgende Geschichte:

Nackte Tatsachen

Unsereins hatte der Kolle ja noch mächtig in Erstaunen versetzt, aber ich war vor vierzehn auch gar nicht von den Bäumen runtergekommen, und als ich dann doch mal eine Frage hatte, weil in der heimlich gelesenen *Bravo* so komische Sachen standen, drückte meine Mutter mir verständnisvoll ein Buch in die Hand: Wo kommen die kleinen Jungs und Mädchen her? Auf der ersten Seite stand mahnend, dass man pro Tag nur ein Kapitel lesen solle. Wegen des besseren Verständnisses und so.
Ich verschwand mit Buch und Taschenlampe nach der Licht-aus!-Ansage unter der Bettdecke, nicht ohne vorher unter das Bett zu gucken wie jeden Abend, seit meine ältere Schwester mal druntergelegen hatte und, sobald es dunkel war, mich, oder besser gesagt, das ganze Bett mit mir drin hochgedrückt hatte. Ich hatte nämlich ein sogenanntes Klappbett, das tagsüber hinter einem Vorhang verschwand. Très chic. Très unheimlich. Ich wäre fast ohnmächtig geworden vor Schreck, als das Gestell sich hob, glaubte ich doch schließlich im Dunkeln fest an Geister. Den Horror habe ich dann am nächsten Abend natürlich gleich an meine kleine Schwester weitergereicht. Ihr Waschbecken – wir hatten merkwürdigerweise Waschbecken in unseren Kinderzimmern – hing in einer Nische neben ihrem Bett und konnte ebenfalls hinter einem Vorhang verschwinden. Ich verbarg mich rechtzeitig dort, sie

hatte günstigerweise das Zähneputzen geschwänzt, mich also nicht entdeckt, und kaum dass ihre Nachttischlampe ausgeknipst war, machte ich fiese Geräusche.
Sie hatte mindestens so viel Angst wie ich am Abend zuvor. Kinder können echt gemein sein. Bei aller Liebe zueinander.

Aber jetzt zurück zum Küchentisch: »Ich weiß, was gegen Aids hilft!«, brüllte der Kleine unvermittelt beim Abendbrot. Meinem Mann fiel vor Schreck die Gurke von der Cervelatwurst. Die anderen Kinder kicherten, die Älteste verdrehte entnervt die Augen: »Biitteee – nicht schon wieder!« Sexualkunde war nicht ihr Lieblingsfach, zu oft hatte sie seit den ersten Grundschultagen regelmäßig von tapfer geschulten Lehrerinnen und Lehrern alles erfahren, auch das, was sie noch gar nicht wissen wollte. Das Ergebnis war eine eher geringe Toleranz gegenüber jeder noch so lauen Unterhaltung über Sex.
Manchmal fragte ich mich allerdings, ob das womöglich auch als Spätfolge einer zu großzügigen Fernsehregelung zu betrachten war. Hatte ich ihr doch schon mal erlaubt, gemeinsam mit Freundinnen an einem elternfreien Samstagabend »deutsche Erotikfilme« zu gucken und dazu die Jumbopizza bei »Santinos Pizzaflizza« zu ordern. Ich konnte mir einfach nicht vorstellen, dass die lauwarme Oswald-Kolle-Erotik den durch und durch aufgeklärten Mädels etwas anderes als Heiterkeit entlocken könnte.

Und für den nächsten Schultag war das natürlich ein wunderbares Angeberfutter (»Klar darf ich so was sehen!«), es gibt schließlich ein Alter, in dem das Selbstbewusstsein eine Extraportion davon gut verträgt. Aber wie harmlos war das im Gegensatz zu den harten Pornos, die sich heute Zwölfjährige und Jüngere mal eben ohne große Hürden auf ihr Handy laden.

Ich habe jedenfalls damals jede Zeile in dem Aufklärungsbuch gelesen und war enttäuscht. Wen interessiert die Frage, wo die Kinder herkommen? Das weiß man in einer großen Familie. Aber wie kommen sie da hinein, wo sie im Werden sind? Kein Wort davon in dem blöden Buch. Na ja, mittlerweile weiß ich es. Aber wir sprechen nicht darüber. Doch dazu später.

Jetzt brüllte erst einmal der Lütte seinem Überraschungs-Aufmerksamkeitserfolg begeistert ein »Kondome!!« hinterher. Die Große schob die Putenfleischsülze weit von sich.
»Ach«, sagte ich aufgeschlossen und bierernst, wie gute Mütter nun mal sind. »Kondome helfen also gegen Aids. Und was ist Aids?«
»Das weiß ich doch nicht«, quietschte unser Jüngster. Was so weit okay war, schließlich war er erst drei, und wer – Hand aufs Herz! – wusste Ende der Achtzigerjahre überhaupt schon, was Aids bedeutete?

Nächste Rückfrage: »Und was ist ein Kondom?« Die Große spuckte den Apfelsaft zurück ins Glas, während die anderen die Gelegenheit nutzten und den limitierten Krabbensalat verputzten.
»Plastik«, jubelte der Kleine heraus. Danach kehrte wieder Ruhe zum Thema ein. Es mussten ja noch viele andere wichtige Worte aus dem Kindergarten-Bildungsprogramm besprochen werden. Pippisau und andere schöne Sachen.

Als ich jung war, schlichen wir in den Sommerferien an den FKK-Strand. Ich kannte nur nackte Geschwister, keine nackten Erwachsenen. Unsere Eltern waren nicht nackt. Einmal bin ich aus Versehen im Schlafzimmer auf meine Mutter gestoßen, die gerade unbekleidet aus ihrer Ankleide kam. Wir stoben bis ins Mark erschrocken auseinander und haben niemals nur ein Wort darüber verloren. Die am FKK-Strand gewonnenen Erkenntnisse – ganz besonders beliebt: »Norwegerpullover über wehender Banane« – führten wohl dazu, dass ich später mit unseren Kindern auch lieber am sogenannten Textilstrand hockte. Unsere Kinder gingen allerdings nicht mehr heimlich zum FKK-Bereich. Sie wussten, was sie dort erwartete, die Freikörperkulturellen machten vor den Textilzonen nicht mehr Halt, und in der Werbung waren eh längst alle Hüllen gefallen.
An einem dieser Tage, als viel fettes Fleisch in der Sonne brutzelte, nicht besonders attraktive erogene Zonen vorbei-

schaukelten und die Kinder mit einem peinlich-berührt-gelangweilten »Menno, die nerven doch auch irgendwie« reagierten, überlegte ich, ob es Zeit für ein pädagogisch wertvolles Gespräch sei. Nicht in Bezug auf Toleranz, das klappte mit Ausnahme von ästhetisch begründeten Vorurteilen eigentlich ganz gut.
Aber sollte ich doch mal zu des Pudels Kern oder so ähnlich kommen?
Aufgeklärt waren sie ja alle, inzwischen auch der Kleine, Minimum und Maximum waren mittlerweile eher im Mathe-Unterricht gefragt denn als Figuren im Aufklärungsbuch. Aber sollte ich nicht doch mal die Töchter zum Frauenarzt begleiten? Allen den Gebrauch von Kondomen einschärfen? Überhaupt, warnen vor den Gefahren in Besenkammern und Dünen?
»Mama!!!«, schallte es zurück, als ich aus meinem Strandkorb heraus salopp loslegte. »Wir wissen eesss!!! Alles!! Keine Sorge!!! Vergiss nicht: Eltern und Kinder haben KEINEN SEX!! Den haben nur ANDERE Leute!!«
Puhh. Damit war die Sache geklärt.

Nun müssen Sie nicht glauben, die verklemmteste Familie der Welt vor sich zu haben. Geht schon. Aber wir reden nicht darüber. Die Geschwister untereinander, ja (die Eltern auch), und manchmal sogar über Bande auch miteinander, aber nie direkt, nie Details. Das hat mit dem Hang zum Kuscheln zu tun. Wie kann man mit Mitte zwanzig

von seiner Mutter in den Arm genommen werden und ihr zugleich erklären, was für eine Rakete man gestern Nacht abgeschossen hat?
Eben.
Nix da. Wir haben nur die Spielregeln geklärt, nicht das Spiel, wie immer in den Erziehungsjahren.

Abendvergnügen

Mein Mann spielte am Abendbrottisch sehr gern »Matheaufgabe«. Er konnte wirklich tolle Bandwurmfragen stellen, nach dem Motto: »Auf einem alten Laster stehen zwanzig Kartons mit je sechs Eiern. Auf der Fahrt zum Geschäft verliert der Fahrer die Hälfte der Ladung. Er hat echt einen schlechten Tag, und deswegen geht beim Entladen noch einmal die Hälfte kaputt. Wie viele Eier kommen schließlich noch beim Händler an? Und wie heißt der Fahrer?«
Wahlweise (und die Wahl hatten nicht die Kinder ...) ging es um politische Heimatkunde: Wie heißt die Landeshauptstadt von Hessen? Der Ministerpräsident von Thüringen? Also genau das, was man als Grund- und Unterstufenschüler abends gern zum Krustenbrot bespricht. Eines Tages hatten wir dann plötzlich einen Fernseher in der Küche, ich weiß gar nicht mehr, warum. Wahrscheinlich

hatten die Kinder vorgeschlagen, dass es toll wäre, beim Essen Nachrichten sehen zu können …

Wir hatten viele Fernseher. Immer schon. Vorsätzlich. Das führte dazu, dass nicht panisch geguckt werden musste. Was allzeit verfügbar und nicht verboten ist, verliert seinen Reiz. Ich war nie militant, eh nicht und in dieser Hinsicht ohnehin nicht. Ich sehe selbst gern fern – an manchen Tagen.

Tatort zum Beispiel. Jetzt, da die Kinder groß sind und mein Mann und ich sehr viel arbeiten und unterwegs sind, versuchen wir, uns am Sonntagabend möglichst auf dem Sofa vor der ARD zu treffen. Das ist herrlich gemütlich, und irgendwie sortiert es unsere Woche. In jedem Fall ist es unser Ritual. Darum geht es eigentlich.

Es gibt Tage, da ist man alle, hat alles gelesen, gehört, bearbeitet – oder es war einfach nur ein Tag, an dem das Beste war, dass er vorüberging. Es ist doch herrlich, dann eine Komödie mit Tom Hanks oder Katherine Heigl zu sehen, oder wen man gerade schätzt. Ich halte das nicht für intellektuell fragwürdig. Es ist eher eine Massage für die verspannten Gedanken.

Und so fand ich es eben auch nie pädagogisch bedenklich, den Kindern zu erlauben, ab und zu stundenlang gemütlich ins Gerät zu starren. Ja, ich höre schon die Experten aufjaulen. Doch gemach! Die Betonung liegt auf »ab und zu«. Ich habe als Kind heimlich bei unseren Hausmeistersleuten Dr. Mabuse geguckt und hatte danach grauenhafte Albträume. Und? Was war das Ergebnis? Eine Ohrfeige am nächsten Tag von unserem Vater, weil ich nachts an sein Bett schlich und über Albträume klagte, ohne die Ursache zu gestehen. Und: Ich habe nie wieder Dr. Mabuse gesehen. Oder Ähnliches.

Kein vernünftiger Mensch möchte natürlich diese peinlichen Sendungen am Nachmittag verfolgen, in denen sich Leute anschreien, vorführen, lächerlich machen. Üblicherweise schämt man sich dabei anhaltend fremd, und das birgt das Gegenteil von Entspannung.

Mein Mann hatte als Kind großen Erfolg in der Schule und seine Mutter bekam entrüstete Anrufe, weil er von den tollsten Filmen erzählte. »WIESO durfte Ihr Sohn noch so spät fernsehen???!!« Durfte er gar nicht. Er lernte die Programmzeitschrift auswendig.

Das Fernsehen pauschal oder wegen schlechter Programme zu verdammen, ist billig. Es gibt tolle Sachen. National Geographic, Reportagen, Bella Block, KiKa und großes Kino. Jahrelang habe ich so in guter Gesellschaft nachts gebügelt.

Niemand zwingt uns oder die Kinder, Big Brother oder irgendwelche Camps zu sehen, aber selbst wenn sie dort hineingeraten, dann ist das auch nicht der Anfang vom

Ende, sondern eher lehrreich. Man muss halt nur darüber sprechen. Und sich freuen, dass man selbst nicht so lebt und denkt. Dankbar sein statt überheblich. Wie immer und bei allem ist eines entscheidend: die Erklärung, also die Erziehung.

Unser Jüngster mochte morgens nicht gern so lange schlafen wie seine Mutter. Gegen halb sechs stand er am Bett, auf Augenhöhe mit meinem Gesicht auf der Matratze. Ich hatte damals diese Urmüdigkeit vieler Kleinkindnächte in mir; jeder Deal für zehn Minuten mehr Schlaf war mir recht. In diesen Tricks war ich groß. Schon bei Anna, der Ältesten, hatte ich eher zufällig gelernt, dass sie als Baby nachts auch sehr gut allein trinken konnte, wenn man das Fläschchen in der richtigen Position abpolsterte. Es war an einem Wochenende, wir schliefen außer Haus, sie in einer Tasche neben meinem Bett. Der Abend war sehr lang gewesen, ich hielt die vorbereitete Pulle im Liegen in die Tasche und nickte darüber natürlich sofort wieder ein. Am nächsten Morgen war die Milch ausgetrunken, das Kind gurgelte munter vor sich hin und rülpste satt, als ich es erschrocken aus der Tasche hob. Damals habe ich gleich gelernt: Man kann auch mal etwas später die Luft herauslassen.

Es lag auch viele Jahre eine große, dicke Steppdecke auf dem Boden an meiner Bettseite. Es gibt Phasen, da suchen Kinder nachts die Nähe der Eltern. Aber das heißt ja nicht, dass sie die Daunen-Hoheit übernehmen müssen. Es schläft sich einfach unruhig mit einem Kinderfuß in der Nase. Oder so. Der Deal war also folgender: Sie konnten immer kommen, schleppten ihre eigene Decke hinter sich her und kuschelten sich auf den »Bettvorleger«. Damit waren sie nah und doch fern genug. Eine Win-Win-Situation. Kann ich, vor allem wenn man nicht nur ein Kind hat, durchaus empfehlen. Es sei denn, man erwirbt, wie Freunde von uns, von vornherein ein drei bis vier Meter breites Bett.

Irgendwann kam der Kleine dennoch in die »Ich-bin-ein-Hahn-ohne-Zeitgefühl-und-schon-mal-hellwach«-Phase und atmete gegen 5.30 Uhr schwer in meine Augen, damit sie sich öffneten. Wecken war verboten, Anatmen aber nicht. Und damit begann die Dumbo-Zeit. Sie dauerte etwa eineinhalb Jahre, und wir verschlissen zwei Kassetten. Jeden Morgen guckte Joey den Disney-Klassiker über den kleinen fliegenden Elefanten, der das Beste aus seinen viel zu großen Ohren macht. Ja, wirklich: jeden Morgen. Es sei denn, wir waren verreist und es gab keinen Videorekorder. Laptop hatte man noch nicht. Wie gesagt, liebe Entrüstung, ich war damals für etwas Schlaf zu allem bereit. Und das Schöne: Mit so liebevollen, klugen, erwachsenen Kindern im Hintergrund habe ich jetzt gut reden.

Ich bin sicher: Die lockere Einstellung dem Gerät gegenüber sorgte bestimmt dafür, dass eben nicht ständig hineingestarrt werden musste. Strand war immer spannender, und wenigstens der Reiz des Verbotenen war schon mal eliminiert. Und es ist ziemlich cool, in der Schule sagen zu können: »Hab ich nicht gesehen, ich hatte keinen Bock.«

Kevin Costner hat bestimmt vielen todmüden Eltern aus dem Herzen gesprochen, als er sagte: »Ich mache morgens die Milch warm, wechsle Windeln und sorge dafür, dass keiner dem anderen das Spielzeug wegnimmt. Und dann schalte ich so schnell es geht den Fernseher an, damit ich mal durchatmen kann. Zeichentrickfilme sind ein Geschenk des Himmels.«

Eben. Es gibt zwar in jedem der Disneyfilme eine gruselige/traurige Stelle. Aber wir mussten als Kinder schließlich auch mit dem Hänsel-und-Gretel-Horror fertigwerden. Und weil wir selbstverständlich gute Eltern sind, wurde jede Kassette erst einmal in Begleitung Erwachsener angeschaut. Ich empfehle deshalb nie Bambi, da muss ich selbst immer heulen. Aber Dumbo ging echt gut.

Später kam ich dann auf den Trick (weil auch endlich verfügbar in Deutschland) mit englischsprachigen Videos. »Klar, ihr könnt gern einen Film gucken.« Säusel ... »Aber nur auf Englisch!!« Boing! Zwei Fliegen mit einem Video.

Auch Kinder haben Tage, an denen sie abschalten möchten. Es sei ihnen gegönnt. Bedenklich wird es nur, wenn jeder Tag so ein Tag ist. Das ist uns zum Glück nicht passiert.

Anna ruft an – zweite Klappe

In eile also dem Flughafenausgang entgegen und bin verwirrt. Der Himmel über Mallorca ist nicht zu sehen, ich denke an Anna. Irgendetwas ist da los. »Ich ruf dann später noch mal in Ruhe an.« Mein Bauch fragt sein Gefühl, ob er nervös werden soll. Er kann es nicht leiden, wenn mit den Kindern etwas nicht in Ordnung ist.

Stress mit ihrem Freund? Dafür klang sie irgendwie zu vernünftig. Stress im Büro? Hätte sie gleich erzählt. Aber irgendetwas ist doch. Hat Robert ihr einen Antrag gemacht nach all den Jahren? Haben sie endlich eine neue Wohnung gefunden? Ein – Baby??

Quatsch!, denke ich. Du nun wieder.

Mein Mann und Mallorca-Gerd warten schon. Mallorca-Gerd ist ein Geheimtipp. Bei ihm gibt es die günstigsten Mietwagen und den nettesten Service. Es ist schön, wenn Geheimtipps so viele Jahre fit bleiben. Ich war lange nicht auf der Insel, Mallorca-Gerd ist beruhigend gut älter geworden. Mein Mann freut sich über das Schnäppchen-Auto, den überraschenden Komfort der Preiswert-Marke, wie angenehm es fährt. Rechts an der Schnellstraße liegt Ikea, und ich muss an früher denken.

Inseln und Ikea

Früher, das war der eine Sommer auf Sylt, in dem der Sommer eher ein Herbst war, wochenlang. Die Kinder steckten meist in ihren Plastikhüllen und spielten trotzdem viel draußen, ich nähte gefühlte dreihundert Kilometer Vorhänge, gefüttert auch noch, weil wir gerade angebaut hatten und ich im »Ich-mach-das-mal-schnell-alles-selbst«-Modus war. Mein Mann bekam einen Lagerkoller und flog nach Mallorca, zum ersten Mal in seinem Leben; Bekannte hatten dort ein Haus und der Himmel sehr viel Sonne. Es kam, wie es kommen musste. Die Insel zeigte sich von ihrer besten Seite, mein Mann traf den Makler Matthias Kühn, den ich noch aus Hamburg und als große nationale Golf-Hoffnung kannte, der dann aber auf die Balearen gezogen war, um dort sein Glück zu suchen und zu finden.

Es wurde selbstverständlich gleich eine Immobilientour verabredet. Wir sind so. Wir müssen wissen, wie man wo wohnen könnte. Wir versuchen, jede Baustelle (nur Privathäuser!) zu inspizieren, und wir machen immer und überall Immobilientouren in unserer Freizeit. Auch in Ferienorten, an denen wir bestimmt nicht sesshaft werden. Oder womöglich doch? Nur im Tal der Könige in Ägypten, in Mexiko und Peru hatten wir keinen Makler-Termin. Und in Bergen, glaube ich.

Nun. Nach dem Nicht-Sommer flogen wir also noch einmal über das Wochenende zu zweit nach Mallorca. Einfach mal gucken … Am Ende hatten wir uns in einen Blick verliebt und auch in das Haus dazu, eines der ersten, das im dann zunehmend angesagten alten mallorquinischen Landhausstil gebaut wurde. Ein Rohbau noch, der Bauherr wollte es eigentlich für sich, solche Herausforderungen mögen wir … Und in Palma hatte gerade Ikea eröffnet, das fand ich beruhigend. Das war vertraut. Wir brauchen ja immer viele Betten und viel Bettzeug, Besteck, Kommoden mit zu vielen Schubladen, Schrauben, vergessenen Holzstopfen und wieder Vorhänge, ratter, ratter …
Andratx, unsere neue Ecke, war noch nicht so durchgestylt wie heute, das bunte Dibbern-Geschirr und die Lampenschirme habe ich Flug für Flug runtergeschleppt: Auch Handgepäck wurde damals noch lässiger beäugt als heute. Wir kauften Gläser in einer kleinen Gasse in Palma, fuhren stundenlang nach Manacor im Landesinneren und zurück, weil dort die Einrichterin Nona von Haeften ein verführerisches Geschäft für die besonderen Extras hatte wie das alte französische Holztischchen. Furchtbar teuer, haben wir immer noch. Überhaupt haben wir ein paar Wandermöbelstücke, die wir nie aufgeben. Sie sind quasi unsere Wohn-DNA. Wir haben nämlich öfter unsere Feriendomizile fast komplett eingerichtet weiterverkauft. Ich hatte deswegen schon überlegt, ob ich beruflich umsatteln sollte. Schien lukra-

tiv. Aber es ist doch etwas anderes, ob man Leidenschaft, Akkuschrauber, Nähmaschine, Ferienzeit und Nerven (Achtung, Achtung: Handwerkerlogik!!) in den Bau des eigenen Nestes investiert oder in fremde Nester. Und, noch wichtiger: Ich mag meinen Beruf sehr.

Air Berlin war damals, Anfang der Neunzigerjahre, noch vor allem ein Touristentransporteur, aber mit seiner Philosophie, Charterflüge auch für Nichtklatscher zu öffnen, schon als Linien-Eisbrecher am Himmel über Spanien unterwegs. Ich kaufte idiotische weiße Rüschenkleider, weil ich dachte, auf Mallorca müsse man sich romantisch kleiden. Ich sah darin allerdings nur aus wie eine Fehlbesetzung für die Raffaelo-Werbung, und wir hatten schließlich auch keinen im Sechzigerjahrestil rau verputzten Ibiza-Bungalow. Man bleibt eben immer besser bei sich. Auch optisch. Was für mich heißt: Freizeit = Shorts, T-Shirt, J.Crew und Tods.

Wir gaben Sylt auf für die Balearen, für »unseren« Berg, den wir dann mit Freunden teilten beziehungsweise mit Leuten, die wir irrtümlich dafür hielten. Wie das so ist im Leben. Oben auf dem Berg mit dem weiten Blick – an manchen Abenden bis rüber nach Ibiza – bauten wir unsere ganz persönliche Clubanlage für die Großfamilie und für die noch kleinen Kinder mit großem Pool und Sprungbrett und allem aufblasbaren Quatsch, den man bei Toys'R'Us kaufen konnte. Mit Wegen durch die private Wildnis, in der Actionman und Barbie große Abenteuer überlebten und die Kinder mit ihnen. Mit vorlau-

ten Grillen und – Schreck! – Hundeleben-bedrohenden Raupen.
Allerdings hielten wir die Sylt-Ferne nur kurz durch, mieteten immer etwas Kleines, um einen Ankerplatz zu haben. Diese Sehnsucht kann man nicht erklären. Sie ist genetisch programmiert, nehme ich an.

Die Fahrt von Palma nach Andratx dauert eine halbe Stunde; da ist auf dem Beifahrersitz Zeit und Raum für Gedanken. Mein Mann hat eh noch Telefonate, wie meistens. Wir sehen die Dinge nicht so eng. Auch nicht an gemütlichen Wochenenden. Geschäft ist immer. Wir zelebrieren keinen Kennenlerntag, und wir haben auch kein Lied. Wir haben viele Jahre. Sind Yin und Yang. Und Yang und Yin.

Ich tagträume weiter, denke daran, wie wir uns im Pick-up oft aufmachten gen Palma, Omi vorn, alle Kinder auf der Rückbank. Früher durften da noch fünf sitzen und konnten es auch, weil sie sich einfach nebeneinander quetschten, ohne Hochsicherheitssitz für jeden. Ich fuhr einen Pick-up, weil mein Mann immer schon mal einen Pick-up haben wollte. Sehr praktisch beim Möbel- und Pflanzentransport, ein Albtraum in der kreiselnden Einfahrt zur Tiefgarage vom El Corte Inglés, gar nicht zu sprechen vom unterirdischen Parkplatz im Supermarkt von Andratx, der logischerweise für Seats ausgelegt war …

Einmal wurde ich mit meinem Mini-Truck von der Polizei angehalten. Ich war schon nervös: Es war der Sommer, in dem ich meinen Führerschein gegen zu schnelles Fahren (ein Wunder bei meinem Leben?) eingetauscht hatte. Auf Mallorca galt das Fahrverbot allerdings noch nicht ... Ich lächelte also den Polizisten an, und während ich noch überlegte, ob ich auf doofe Touristin machen sollte, die ihre Dokumente verkramt hat, oder die Spanischkenntnisse heraushängen lassen sollte, die sich dank der tranigen Handwerker wieder aus den Tiefen meiner Erinnerung an die Ausbildung zur »Fremdsprachenkorrespondentin« nach dem Abi (»Dann hast du schon mal etwas, Kind«) hervorgearbeitet hatten. Da fragte mich der schicke Beamte: »Wieso fahren Sie so ein Auto?« Auf Spanisch, versteht sich, und ich verstand es zum Glück.
»Öh? Ich? Den Pick-up?«
»Ja, Sie. Wieso fahren Sie so ein Auto? Sie als Frau!«
Okay, ich trug ein Kleid (nee, nicht die Rüschen!), keinen Blaumann passend zum Wagen, war also klar als Frau erkennbar. Aber was für eine Frage! Und nein, er nahm mich nicht auf den Arm. Er verstand nur die Welt nicht mehr. Und ließ mich freundlich weiterziehen, ohne dass ich etwas vorzeigen musste. Eine Frau in einem Pick-up ... Was er wohl abends zu Hause erzählt hat?
Getreu der alten Regel »Ohne Fleiß kein Preis« fuhren wir gern, meist zu Beginn der Ferien, in das Spieleparadies von Toys'R'Us, um deren Bestände mit den unseren abzugleichen und dann auszugleichen; aber vorher

führte das Ritual uns alle zusammen in die Altstadt in ein Geschäft, das meine Schwiegermutter sehr schätzte. Dort probierte sie jedes Kleid in Ruhe an, gern auch zwei Mal, und bat alle Kinder bei jedem Teil um Kommentare. Auch die Jungs. Der verzweifelt-geschickte Versuch sämtlicher Kinder, gleich beim ersten Mal zu jubilieren: »Ganz, ganz toll, Omi!! Das nimmst du!«, verfing sich im Vorhang der Umkleidekabine. Dafür war Omi sehr geduldig im Spielzeugladen. Wahrscheinlich gewöhnt man sich in einer Großfamilie leichter an Rücksichtnahme.

Es war eine tolle Zeit für die Kinder auf Mallorca, doch dann war sie vorbei. Fertig wie ein Kapitel im Buch. Wir verkauften das Haus, wurden wieder auf Sylt feriensesshaft.

Ich war ohnehin nicht immer glücklich auf Mallorca. Doch dies ist kein Buch für düstere Erinnerungen; in meinem Leben will ich Quengelei ohnehin keinen Platz einräumen. Schon aus Prinzip, das große Bild meint es gut mit mir, und überhaupt: Wir haben alle Momente im Leben, die uns herausfordern. Ganz persönlich, ganz emotional. Ich nenne es Päckchen, die das Schicksal schickt, ohne Rücksendescheine beizulegen. Wir müssen damit umgehen lernen, sie annehmen, ausräumen oder auch nicht, sie in jedem Fall verstauen, damit sie nicht dauerhaft unseren Emotionsflur blockieren. Und dabei dürfen wir nicht vergessen, wie privilegiert wir sind, dass wir im friedlichen,

gesunden Deutschland leben können. Das meine ich sehr ernst. Ich reise viel. Ich habe anderes gesehen. Und manches habe ich zum Glück nur gelesen.
Das Dasein ist kein Fertighaus, vier Platten, zehn Fenster, Haustür, Dach, zack. Nein, Stein um Stein wächst es, und dabei macht es nichts, wenn der eine oder andere Stein Macken und Blessuren hat. Im Gegenteil. Und es können auch mehr oder weniger Fenster sein. Wichtig ist der Mörtel, der alles zusammenhält. Es gibt unterschiedliche »Fabrikate«. Der Mörtel meines Lebenshauses ist ganz eindeutig die Familie. Zu der auch meine Freunde zählen und meine ganz besondere Freundin. Und davon möchte ich hier schwärmen. Gern auch dafür werben. Manchmal fürchte ich nämlich, dass die gesellschaftlichen Rating-Agenturen den Wert dieses Glücks zu lange falsch eingestuft haben. Eher als Bankrottrisiko statt als Bodenschatz.

Ja, ich bin ein bisschen durch den Wind an diesem Samstag, während ich im Auto meinen Gedanken nachhänge. Irgendwas ist los.

Wir haben jetzt in Andratx eine süße kleine Wohnung mit 360-Grad-Blick vom Balkon und einer gewissen Unverbindlichkeit für mich. Sie ist gemietet, wir können nicht umbauen, ich muss also auch gar nicht erst groß umgestalten, nicht einmal in Gedanken. Personalisiert haben wir sie schon: den üppigen Schnokus der Vermieter verstaut, eigenes Bettzeug, ein paar Decken, ein paar Kissen, ein paar Dekorationen, Kerzen von Flamant, daff-Filzuntersetzer, das weiße Geschirr von Ikea, zwei Bilder, das ist schnell gemacht. Als wir die Wohnung übernahmen, kam mein Mann mit zu Ikea. Zum ersten Mal überhaupt. Bei uns verläuft in häuslicher Sicht die Rollenverteilung nämlich fast klassisch. Ich bin die Einkäuferin, Dekorateurin, Fummlerin. Er bohrt, ich schraube. Er versieht Bilder mit filigranen Bilderleuchten, ich schleppe Malm-Kommoden. Wenn mal gar nichts mehr gehen sollte, können die Kinder und ich ein Einrichtungs- und Umzugsunternehmen aufmachen. Oder wir gehen zu »Wetten dass«: Im Pax-Kleiderschrank-Montieren sind wir unschlagbar. Und Nini könnte sofort beantworten, welcher Regalboden zu welchem System bei Ikea gehört und in welchem Fach er im Abhollager liegt.

Nein, nein, wir arbeiten nicht bei und nicht für Ikea. Obwohl ich es schon bedauerlich finde, dass man dort nie Punkte oder Meilen sammeln konnte. Wir wären schon mehrmals um die Welt gekommen. Und ja, wir haben auch anderes Mobiliar: Mein Mann liebt Eileen Gray, Corbusier, Mies van der Rohe, ich eher die Gustavianer und Flamant. Aber in unserer großen Familie haben sich die schwedischen Möbelbauer eben als praktisch erwiesen: Babyzimmer, Kinderzimmer, Schülerzimmer, Studentenbuden, erste Wohnung, zweite Wohnung, Zweitwohnung, Ferienwohnung. Da trägt und schraubt

sich was zusammen mit den Jahren. Vor allem trugen und schraubten eben die Kinder und ich. Mein Mann leistet andere Beiträge.
Ich war daher gerührt von der Geste, dass er mit mir zum Möbelhaus hinfuhr und nicht draußen mit Zeitung und Zigarette wartete, wie ich – ohne Groll und Ironie – vermutet hatte, sondern mir in die Höhle des Elchs folgte. Für viele mag gemeinsames Einkaufen selbstverständlich sein, für uns war es ungewohnt aufregend.
Erst einmal aber fuhren wir gen Süden über die kolossalen Autobahnen, die mittlerweile entstanden sind, ins vertraute Andratx, schraubten uns die Straße hinter dem Club de Vela nach oben und schleppten unsere Taschen hoch zur Wohnung. Viele steile Stufen führen zum Blick … Ich habe leider immer ordentlich Gewicht bei mir, Wackersteine, egal wie kurz ich unterwegs bin. Habe immer Computer, Unterlagen, Magazine dabei, man weiß ja nie, wo man hängenbleibt. Seit ich das tue, macht mich verlorene Wartezeit nicht mehr nervös.

Apropos: Zeit, Anna anzurufen. Die Taschen sind schnell ausgeräumt, die Kerzengläser wieder auf Linie ausgerichtet, die Polster draußen. Ach nee. Sollte ja in Ruhe sein. Und ich muss noch in den Supermarkt. Wenn nicht alles seine schöne Ordnung hat, bin ich nicht in Ruhe. Nur im Notfall. Dann immer gleich. Interessant, was die Natur uns so mitgibt.

Mein Mann ist mal vor meinen Augen – übrigens auch auf Mallorca – mit dem Wagen an eine Tunnelwand geknallt. Wir fuhren Kolonne, neben mir saß die Frau seines Beifahrers. Sie musste zum Glück auch nicht kreischen. Ich konnte rechtzeitig bremsen, es wurde ganz still und eiskalt in unserem Auto. Als würden wir auf das Nötigste reduziert. Wir lauerten; ich glaube nicht, dass wir geatmet haben. Als wir die Türen öffneten, öffneten auch unsere Männer die Türen, stiegen aus und grinsten. Übersprungsgrinsen. Sand war in den Tunneleingang geweht, gerade als sie hineinfuhren, es hätte schlimm ausgehen können. So viele Jahre ist es her, aber diese Situation werde ich nie vergessen. Ich vergesse jede Zahl und viele Namen. Aber nie Emotionen. Angst muss nicht unbedingt laut werden.

Tatsächlich Großmutter

Dann endlich: »Anna, hier ist Mama. In Ruhe.« Gelogen, ich war ein bisschen aufgeregt. Das Bauchgefühl hatte keine Ruhe gegeben seit dem kurzen Gespräch am Flughafen.

»Du wirst Oma! Ist aber noch geheim.«

»Oma? Ach, wie schön!! Äh, geheim?«

»Ja, wir wollen die ersten drei Monate abwarten.«

»Drei Monate??«

»Um sicher zu sein, dass alles gut ist. Aber du darfst es Peter sagen.«

Aus meiner Sicht eine unbegründete Sorge, aber ich muss und will sie akzeptieren. Es ist Anna, die das Baby bekommt, nicht ich. Und es ist ihr erstes Kind. Ich bewundere sie für ihre Disziplin. Ich kann gut den Mund halten, wenn ich soll. In Bezug auf Informationen bin ich – obwohl Journalistin – durchaus eine Einbahnstraße, wenn's verlangt wird. Und Geheimnisse der Kinder würde ich eh nie verraten. Das hat mich selbst als Kind schon wahnsinnig gemacht. Unbedingtes Vertrauen-Können ist meiner Meinung nach die Basis jeder Erziehung. Aber Glück möchte doch am besten sofort geteilt werden!

Ja, wir telefonieren natürlich länger, als oben steht. Aber dies ist schließlich keine Dokumentation.

Ich bin furchtbar aufgeregt und überlege kurz, ob ich es nicht wenigstens der spanischen Kassiererin im Zeitungsladen erzählen soll. Nur so, wir kennen uns gar nicht. Das ist ja quasi anonym. Aber dann hätte ich es schon mal laut formuliert: Ich werde Großmutter! Jaa!! Doch auf Spanisch klingt es grad gar nicht so prickelnd, ich lasse es. Flüstere nur vor mich hin: »Großmutter, Großmutter ...« Hihi.

Genau hier wurde ich vor vielen Jahren zum ersten Mal »Oma« gerufen. Von Moritz, dem seelenvollen Sohn enger Freunde. Wir hatten von den Fischern, die am Hafen noch immer anlanden, ein paar zappelnde Fische geschenkt bekommen, sie in der wabbelnden Plastiktüte aufgeregt weggeschleppt und dann noch im Supermarkt lauter wunderbare, unnötige und sonst vernünftigerweise verbotene Sachen gekauft. Alles sehr spannend. Im Überschwang der Freude und Aufregung rief mein kleiner Freund laut durch den Supermarkt: »Oma!« Er meinte mich, und ich fühlte mich angesprochen. Und geehrt. Denn seine Großmutter, die bedeutet ihm viel. Der Oma-Versprecher hielt sich eine ganze Zeitlang, meistens tauchte er im Supermarkt auf ... Und da ich nicht unbedingt so aussah, als hätte ich bereits einen fünfjährigen Enkel, hatten wir zusätzlich Spaß, wenn fremde Leute zwischen ihm und mir hin- und herblickten wie bei einem Tennismatch und dabei offensichtlich rechneten und überlegten. Ich klärte sie nicht auf. Ich war gern seine Oma.

Mein Mann hat leider sehr starke Magenschmerzen. Er freut sich über die Nachricht, aber mehr lässt der Bauch im Moment nicht zu. Das kommt noch.
Ein paar Tage später erzähle ich es doch Frau Vogt-Duyver, unserer wunderbaren Redaktionssekretärin. Sie wird mich nicht verraten. Ich wollte auch gar nicht. Aber es ploppte zwischen zwei Postmappen einfach heraus. Frau

Vogt-Duyver bekam vor Freude Gänsehaut, ich vor Rührung auch gleich. Allmählich kann ich mich richtig freuen. Glück mag ein Echo. Warum habe ich nur versprochen, den Mund zu halten?

Ich rate Anna, nun doch wenigstens die Geschwister einzuweihen. »Sag es ihnen! Sie teilen dein Glück, und wenn es Leid geben sollte, dann tragen sie es mit.« Aber warum sollte es dazu kommen? Es gibt keinerlei Anzeichen.

Dienstag, 12. Oktober

Wir sind eine humororientierte Familie, pflegen einen ironischen Ton. Sind Loriot-basisgeschult. Zumal wir das Glück hatten, ihn persönlich kennenzulernen. Vorlagen für einen guten Spruch gehen nicht vom Tisch. Das war schon in meinem Elternhaus so, und ich habe den Sinn für Zwischentöne ganz vorsätzlich mit den Kindern geübt. Gern auch bei Autofahrten, wir haben ja quasi Jahre auf Transportwegen zu Schulen, Hockey, Ballett, Segeln, Flöte, Logopädin, Reiten, Verabredungen verbracht. Legendär ist die folgende Szene: Auf der Rückbank kleine Mädchen, ich mache vorn wieder mal einen schlechten Witz, eine der kleinen Freundinnen ist verwirrt. Da sagt unsere Jüngere:

»Mach dir keine Sorgen, Mama hat nur Oronie gemacht.« Den Mutterwitz hatte sie längst verinnerlicht, nur mit dem Wort »Ironie« haperte es eben noch. Und ich wartete fortan auf den Anruf einer besorgten Mutter, warum in unserem Kombi Oronie gemacht würde …

Wir lachen viel und gern und lieben Zwischentöne. Also bekommen auch Enkel, die noch gar nicht in Arbeit sind, Namen. Nur so, aus Spielerei. Und ein Kind, das vielleicht den Nachnamen Schorsch tragen wird, wird natürlich Hackl genannt. Egal, wie es tatsächlich heißt. Das Hackl. Wie der Schlitten-Schorsch. Den Insiderwitz muss man kennen, um die folgende E-Mail zu verstehen, die am Dienstag nach dem Mallorca-Wochenende von Anna an die Geschwister ging:

Sehr geehrte Damen und Herren,
Ihre Bestellung wurde entgegengenommen und bearbeitet. Die Auslieferung erfolgt voraussichtlich am 30. April 2011. Wir bitten Sie, sich diesen Termin vorzumerken.
Mit besten Grüßen!
Stoffers & Schorsch
Hackl-Productions

Der Jubel brach prompt aus:

Juchu!!!!!!! ICH WERDE ENDLICH TANTE!!!!!!!!!!!, schrieb Nini, die fortan in ihrer E-Mail-Signatur unter ihrem Namen die Bezeichnung *Tante* führte. Ich überlegte, ob ich meinen Titel in der *Welt*-Gruppe von Senior Editor in Granny Editor ändern sollte. Der Große bot sofort sein geliebtes Zimmer im Ferienhaus an: Es ist das größte, das einzige, in das noch ein zusätzliches Bettchen hineinpasst. Und wir machten gleich Quatsch. Malten uns aus, wie es sein würde im Sommer, das erste Mal mit Großfamiliennachwuchs auf Sylt: »Hat jemand Baby gesehen?« – »Ich dachte, du hättest sie? Ist Joey mit ihr am Strand?« – »Nee, der ist hier.« – »Haben wir sie dort vergessen?« – »Natürlich nicht! Sie liegt gerade im Crocket-Kasten.« Und so weiter. Das Glück war groß, bei allen Geschwistern. Und meines damit umso mehr.

Patchwork

Es wird vielleicht Zeit, dass ich uns vorstelle. Höflicherweise tut man das ja zu Beginn des Kennenlernens, und gute Umgangsformen sind mir auch sehr wichtig, aber leider habe ich mich doch gleich wieder verschnattert. Pardon. Das war ganz und gar nicht unhöflich gemeint. Und

auch nicht, wie so oft auf Partys oder Kongressen, der Peinlichkeit geschuldet, dass mir die richtigen Namen grad nicht einfallen.
Obwohl? Schon länger geht es mir so wie unserer Mutter. Die hatte auch fünf Kinder und verhedderte sich regelmäßig in den Anfangsbuchstaben unserer Namen, wenn sie einen von uns rufen wollte: Ang...ing...con...Harmen! In dieser Hinsicht bin ich ein Nachmacher. Wobei mir auch noch die Hundenamen dazwischenkommen.

Also, wir sind das, was man heute eine Patchworkfamilie nennt. Ich mag das Wort, weil eine solche Decke nicht nur aus vielen bunten Einzelteilen besteht und viele kleine Geschichten erzählt, sondern auch wärmt und weich ist.
Ich bin, entgegen meiner eigentlichen, nämlich bewahrenden, damit gemeinhin konservativen Vorstellungen, zum dritten Mal verheiratet. Zwanzig Jahre, während ich schreibe. Und noch länger leben wir gemeinsam. Zusammen haben wir fünf Kinder, drei Jungs, zwei Mädchen; gemeinsam haben wir keines, es klappte nicht mehr. Eine Zeitlang dachten wir: leider, aber wenn man fünf Kinder hat, die gesund sind und so Geschwister sind wie unsere, dann hadert man nicht.
»Stief« ist kein Wort bei uns; die Kinder waren klein, als sie sich kennenlernten, sie empfinden sich als verwandt. Noch so ein großes Glück! Es passte auch perfekt: Anna, meine Große, dann Peters Jungs Mo und Mäx, dann Nini und

Joey, meine »Kleinen«. Nur fünf Jahre liegen zwischen der Ältesten und dem Jüngsten. Mein Mann war auch schon mal verheiratet. Nein, unsere Beziehung war nicht der Scheidungsgrund. Heidi, die Mutter seiner Söhne, gehört auch zur engen Familie.

Mein erster Mann hat nach mir die Frau seines Lebens gefunden und noch zwei großartige Kinder bekommen, die inzwischen auch erwachsen sind. Mein zweiter Mann ist auch mit seiner Traumfrau verheiratet und sie haben eine reizendeTochter.

Meine Eltern leben nicht mehr, meine Schwiegereltern sind auch geschieden, mein Schwiegervater ist seit Jahrzehnten wieder verheiratet. Mein Schwager ist auch geschieden, hat zwei Kinder und eine Lebensgefährtin, die hat auch zwei Töchter. Und bereits eine Enkelin. Zwei meiner Geschwister sind in erster Ehe verheiratet, eine in zweiter Ehe geschieden, einer getrennt. Unsere Mutter hatte sechzehn Patchworkenkel. Alles klar so weit? Von all den Vettern und Cousinen und Onkel und Tanten und Schwippverwandten fange ich besser gar nicht erst an.

Das Beruhigende: Wir kommen alle irgendwie miteinander klar. Wir sehen uns. Die Gästeschar bei Annas Konfirmation wäre eine gute Kniffelaufgabe für Abendbrotrunden gewesen.

Natürlich ist das nicht immer leicht. Scheidungen sind es nie. Wunden heilen, aber Narben bleiben als Erinnerung, Mahnung. Das ist in Ordnung. Weil unsere Gegenwart und Zukunft nur als Reaktion auf die Erinnerung funkti-

oniert. Unsere Mutter formulierte, als sie schon sehr krank war, den Satz, der ihr Leben beschreiben sollte: *Die Kraft für die Gegenwart schöpfe ich aus der Vergangenheit und lebe doch in der Zukunft.*
Er hat einen festen Platz in meiner Sammlung.

Erwachsen werden

Ich kam aus der Schule, hinten herum durch die Küche, wie immer. Unsere Haushälterin rührte am Herd, wie immer. Ich sagte: »Was gibt's heute?«, wie immer. Sie schniefte und antwortete, ohne sich umzudrehen: »Dein Vadder is tot.« Ich segelte in die offene Spülmaschine.
Im Wohnzimmer saßen Erwachsene, unsere Mutter auch, es wurde viel geflüstert, ich wurde kurz in den Arm genommen. Die »Kleinen«, also meine jüngeren Geschwister, waren in ihren Zimmern, die »Großen« noch nicht da. Der Bruder war gerade in Schottland unterwegs. Oft muss ich daran denken, wenn im Radio Durchsagen kommen in der Art: »Familie Müller wird gebeten, sich zu Hause zu melden.« Was für ein Horror muss das für ihn gewesen sein! Meine ältere Schwester war in Bayern im Internat. Auf die Idee, mich gleich aus der Schule zu holen, war niemand gekommen.

Unser Vater war einundfünfzig Jahre alt, als er starb, ohne Ankündigung, er war einfach nicht mehr da. Er lag morgens tot in seinem Bett, und als ich mittags nach Hause kam, war er schon abgeholt. Das war im April 1973. Ich war gerade sechzehn, meine größeren Geschwister neunzehn und einundzwanzig, die jüngeren zwölf und neun, unsere Mutter neunundvierzig Jahre. Als wir in das Kinderzimmer des Kleinen gingen, um es ihm zu sagen, lachte er laut. Er konnte es nicht begreifen.

Aber wir konnten es ja alle nicht begreifen. Am nächsten Tag ging ich wieder in die Schule; niemand hielt mich davon ab. Ich zog eine dunkelblaue Bluse an, das war das einzig Dunkle, was ich besaß, abgesehen von dem Dufflecoat. In der vierten Stunde stupste mich mein Tischnachbar genervt an: »Sag mal, was brabbelst du eigentlich die ganze Zeit?!« Ich antwortete: »Mein Vater ist tot.« Stand auf, wankte zum Pult und sagte leise zum Englischlehrer: »Mein Vater ist gestern gestorben, ich komm jetzt ein paar Tage nicht in die Schule.« Der arme Mann starrte mich entsetzt an, ich zuckte mit den schweren Schultern und ging. Ich konnte noch nicht weinen. Der Schock hatte mich im Griff.

Der Kleine hatte uns aufgemuntert, abends, am Ende dieser wattigen Tage bei Tisch, wo wir aßen, ohne zu essen. Er sagte lustige Dinge wie so oft; er war immer schon so ein rührendes, bezauberndes Kind gewesen. Erst als wir bei der Trauerfeier in der großen Kirche im Niemannsweg in Kiel saßen, in der ersten Reihe, alle ganz eng beieinander, und

wie ferngesteuert auf den Sarg starrten, wo der Vater, den wir so liebten, drinlag, ohne dass wir ihn sehen konnten, da brach er zusammen und weinte so bitterlich, dass ich es niemals vergessen kann.
Es war eine große Beerdigung; unser Vater war ein besonderer Mann gewesen. Ich erinnere nichts. Nur Schwarz, den Eichensarg und das Weinen. Und dass ich dem Sand und der Blume folgen wollte, als ich am Grab an der Reihe war.
Am Abend saßen wir fünf Geschwister dann allein am großen Tisch in der Küche und schworen uns, unsere Mutter immer zu beschützen. Wir schlossen den Kreis um sie herum, und das gab uns Kraft. Was immer mir später begegnete: Ich konnte diese spezielle Kraft abrufen. Die Gewissheit, Geschwister zu haben, ihnen zu hundert Prozent vertrauen zu können, gab mir große Sicherheit. Ich hatte quasi immer ein Sprungtuch in Reichweite. Selbstverständlich haben wir gestritten. Aber eben nie den Kreis vergessen, ihn nicht verlassen.

Und so erfüllt mich bis heute große Dankbarkeit für das sicher verankerte, mit den Jahren gewachsene Gerüst, auf dessen Streben ich durchs Leben tobe. Dieses Gefüge aus Familie und Freunden, das mich hält. Dafür kann man gar nicht genug tun.
Ganz ehrlich!

Und wenn ich oft den Eindruck erwecke, stark zu sein, dann bin ich es, weil wir ganz großartige Kinder haben. Weil mein Woher auch mein Wohin sein darf.

Unsere Mutter

Wir haben das Versprechen halten können. Unsere Mutter war sehr vital, hatte aber schließlich Krebs, doch sie ignorierte ihn. Sprach das Wort nicht aus, ließ nicht zu, dass er die Macht übernahm. Jahrelang, wie durch ein Wunder, widerstand sie ihm stur, nahm Operationen und die Konsequenzen hin, war entsetzlich dünn und dabei so zäh. Sie folgte nicht der Krankheit, sondern ihrem Stern, der Kunst. Noch oft sehe ich das Bild vor mir, wie sie sich in Kampen auf dem Weg zum Strand mit ihrer Staffelei und dem Aquarellkasten bepackt gegen den Wind stemmte: zu dünn, zu zart, zu überfordert eigentlich und doch so konsequent.
Und wunderbare Bilder zurückbrachte.

Schon am Lyzeum in Kiel waren ihre Tonarbeiten eine Klasse für sich gewesen, nach dem Abitur wurde sie an der Akademie für angewandte Kunst in München aufgenommen, trat dort im April 1941 an. Ihr Talent fürs Zeichnen und Bildhauern konnte nicht lange gefördert werden: 1943 wurde die Akademie geschlossen. Doch wenigstens konnte sie mitten im Krieg noch eine keramische Lehre in Bad Lippspringe machen und 1945 mit der Gesellenprüfung beenden und nach dem Krieg in der Keramikklasse von Siegfried Möller an der Muthesius-Werkkunstschule in Kiel ihre Studien fortsetzen. Ihre dort entstandenen Vasen, Schalen, Kannen, Dosen veranlassten die damalige Kulturdezernentin der Stadt Kiel, unsere Mutter als Lehrkraft an der Muthesius-Schule anzustellen. In meiner Küche steht eine kleine bauchige hellblaue Vase mit goldenen Pünktchen, die in dieser Zeit entstanden ist.

1950 heiratete sie unseren Vater, wir Kinder kamen, die Aufbaujahre ließen keine Zeit für eine schöpferische Karriere. Als wir etwas größer waren, richtete sie sich eine kleine Werkstatt im Haus ein, die aber meist dazu diente, uns Kindern und Kinderfreunden das Formen, Bemalen und Brennen von Ton beizubringen. Einmal haben wir die Fliesen für die Küche unserer Ferienwohnung auf Sylt produziert und waren schwer beeindruckt.

Je älter wir wurden, desto mehr wandte sich unsere Mutter der Kunst zu, begann auch wieder zu malen. Und als unser Vater starb, war diese Gabe ihre Reling, ihr Lebensmittelpunkt, ein ernsthaftes Anliegen und Können, alles andere als eine Laune oder Sinnsuche. Nach und nach verwandelte sie unser Elternhaus in ein Atelier, ein Künstlerhaus. Unser Vater hatte ihr die finanziellen Möglichkeiten hinterlassen, wirklich studieren zu können, zu experimentieren, in die Tiefe zu gehen. Sie wollte in der Kunst leben. Und sie wollte nicht, dass wir Kinder meinten, uns kümmern zu müssen.

Wir taten es trotzdem. Logisch.

Als klar war, dass ihr Wille nicht ewig dem Wüten in ihrem Körper würde trotzen können, arbeitete sie erst recht mit Hochdruck an ihrem Traum. *So weit das Auge reicht*, ein opulenter Bildband über ihr künstlerisches Werk. Privat sind darin nur ein paar Motive.

Stunde um Stunde saß sie am großen weißen Tisch im Esszimmer, wo früher wichtige Dinner stattfanden und sie uns Kinder mit einer Klingel nervte, die sie rechts neben ihrem Teller traktierte. Unauffällig für dic Gäste, ohrenbetäubend in der Küche, wo wir mit den Fachkräften parat standen. Denn wir machten den Service, wohlerzogene Kinder, die wir waren. »Noch etwas Brot, Herr Professor?« – »Möchten Sie noch etwas Soße?« – »Also, Frau Lehment, Ihre Kinder, also wirklich: ganz reizend! Und so aufmerksam!«

Blöde Klingel

Es wundert wahrscheinlich niemanden, dass ich diesen Aspekt der Erziehung gern übernommen habe. Er ist aber auch von großem Vorteil, und zwar für beide Seiten. Der

Nachwuchs-Service gibt förmlichen Essen eine persönliche Note, wobei klar ist, dass da nicht herumgekaspert werden darf. Die Ausrede »die süßen Kleinen« greift nicht. Entweder Profi oder nicht.

Das führt gelegentlich zu Situationen wie dieser: Einer meiner Neffen war so weit, wollte beim großen Adventsbrunch auch als Mundschenk unterwegs sein. Die Champagnerflasche war selbstverständlich so kalt wie der Winter draußen, also zog er ganz patent Wollhandschuhe an, fand im Großfamilienfundus sogar weiße. Dermaßen ausgerüstet zog er los, stieß auf Günther Jauch, den er ganz besonders verehrte. Es gibt aber leider noch eine klare Ansage bei uns, nämlich: Auch wenn Gäste prominent sind, werden sie nicht angehauen, als wären sie bei einer Autogrammstunde. Also offerierte der Kleine seinem Idol lediglich höflich-schüchtern ein Schlückchen. Jauch dankte, Ricki schenkte ein und blieb selig an Günthers Seite. Sagte nichts, schenkte nur ab und zu nach. Und Günther Jauch trank rührend und stoisch laues Zeugs, denn die Handschuhe waren aus richtiger Wolle und wärmten gut. Hände und Flasche.

Beim Brunch geht es locker zu, bei Gesellschaften arbeitet man sich hoch. Am Anfang nur Mäntel abnehmen, dann erste Karriereschritte am Tisch: Brotanreichen. Gefolgt von Servieren und Mundschenk. Dem Ganzen geht natürlich auch ein gemeinsames Eindecken und Dekorieren voraus. Der Vorteil für die Eltern liegt auf der Hand, der für die Kinder aber auch: Sie müssen später nicht Chantré

ausschenken, wenn der Chef kommt … Sie erinnern die Werbung?
Jedenfalls gehört »Essen geben« zu den Dingen, denke ich, die man zu Hause lernen sollte wie Besteckreihenfolge und Gläseranordnung. Dann ist man später gar nicht erst verunsichert. Außerdem lernt man vieles über die Gäste (»Der Botschafter kommt? Dann lass mal gleich drei Flaschen Rotwein mehr raufholen.« Kicher.) und damit Menschenkenntnis. Allerdings hab ich keine Klingel …

Es war noch in unserem alten Haus und ich noch relativ klein, also in der Brotbrigade, da hatten wir einmal Alarmstufe Rot. Ein extrasuperfurchtbarwichtiges Essen. Ein »gaanz berühmter, gaaaanz wichtiger Geschäftspartner von eurem Vater!!!!!!! Ein Amerikaner!!« Okay, okay. Mein Kleid hätte wahrscheinlich auch ohne den Petticoat darunter gestanden wie eine Eins. Unerschrocken folgte ich mit dem silbernen Brotkorb und den diagonal halbierten Toastbrotscheiben (das war vornehm damals!) meiner Schwester, der Suppe. Am Tischkopf saß der Ehrengast, und mir wäre vor Schreck fast der Korb entglitten. Da hing dieser Mr. Bronfman doch tatsächlich mit dem Gesicht fast in der Suppentasse, ein Arm baumelte irgendwo unter dem Tisch (ich wusste vom Begrüßungsknicks, dass er zwei hatte), den Löffel hielt er mit der ganzen Faust und schaufelte leicht schlürfend die Schildkrötensuppe (Dose von Lacroix, auch sehr vornehm!) in seinen Mund. Ich servierte selbstverständlich ohne Zwischenfall und mit entzückendem Lächeln das Toastbrot, war aber einfach sprachlos. Hätten wir uns bei Tisch so benommen, meine Güte, wir hätten mindestens eine Woche in der Küche nachsitzen müssen. Bei Manieren gab es keinen Spielraum, da war unsere Mutter ganz klar.

Zum Glück. Für vieles kann man erst im Nachhinein dankbar sein.

Die Erklärung der Köchin: »Der Mann ist reich, der darf das«, fand ich irgendwie unbefriedigend, weil ich ja in der Schule dafür gehänselt wurde, dass wir »reich« waren, und ich mir trotzdem so etwas nicht hätte erlauben können. Unsere Mutter sagte am nächsten Tag nur: »Er ist Amerikaner. Und sei nicht frech zu Erwachsenen.« Pöh, ja, gut. Ich glaube, jener Abend mit dem schlürfenden Mr. Bronfman, dem der Weltkonzern Seagram's gehörte, hatte Auswirkungen auf mein ganzes weiteres Leben: Obrigkeit oder Prominenz allein konnten mich einfach nicht mehr beeindrucken.

Unsere Mutter sortierte also wochenlang Polaroids, recherchierte, verwarf, notierte, war ungeduldig und gerührt und angespannt, aufgeregt und beglückt. Selbstverständlich gut gekleidet. Immer dabei: der Ständer, an dem die Plastikflaschen mit ihren Infusionen baumelten. Sie musste bereits künstlich ernährt werden. Als es geschafft schien, die Druckunterlagen beisammen waren, verließ sie die Kraft.

Sie legte sich ins Bett, und wir alle wussten, die Zeit war gekommen. Auch die Zeit, unser Versprechen einzuhalten. Wir schafften es, in den letzten Wochen bei ihr zu bleiben. Unsere Schwester kam aus Kanada, wo sie seit vielen Jahren lebt, wir anderen organisierten Termine und Aufgaben so, dass wir fast immer da sein konnten. Oft alle zusammen.

Es war traurig, aus der Gegenwart gehoben, irgendwie anstrengend, obwohl kein Alltagsdruck regierte, aber zwischendurch eben auch wieder lustig. Wir lachten, unsere Mutter lachte, die Zeit hielt an.

Es ist eine bewegende Erfahrung, wenn die Mutter hilflos wie ein kleines Kind wird. Auch wenn wir schon längst die Rollen getauscht hatten, nun war der Wechsel endgültig. Es gibt kein – und sei es noch so fiktiv – Zurück mehr, wenn die Eltern tot sind. Man ist dann niemandes Kind mehr.

Wir waren dankbar, dass sie zu Hause geborgen in ihrem Schlafzimmer mit den großen Fenstern bleiben konnte, dass genug Geld für qualifizierte häusliche Pflege vorhanden war. Eines Abends, als wir wieder einmal im dämmrigen Licht ums Bett saßen und darüber sprachen, wie stark bei aller Schwäche des Körpers und scheinbarer Abwesenheit des Geistes der Wille zum Leben doch ist, schoss plötzlich das Fenster auf, ein eiskalter Hauch wehte durchs Zimmer.

Nichts war, nur Wind und Fantasie. Unsere Mutter konnte noch nicht gehen. Erst als sie ein paar Tage später ihr dickes,

fertig gedrucktes Buch, ihr künstlerisches Vermächtnis, auf der Bettdecke gespürt, die Seiten gesehen hatte, die meine Schwester für sie blätterte, da war es gut.
Sie starb in der Nacht, schlief friedlich ein. Wir taten, was wir bei unserem Vater nicht hatten tun können: Wir gingen alles in Ruhe an, verabschiedeten uns. Als schließlich die Männer vom Beerdigungsinstitut sie in den Zinksarg gelegt hatten, gab ich ihr noch ihre hellblaue Lieblingskaschmirjacke mit, deckte sie damit zu. So schien es richtig, so schloss sich der Bogen, die Seele verstand, womit sie umgehen musste. Und dann standen wir Schwestern eng beieinander auf der Straße und winkten dem dunklen Wagen und unserer Vergangenheit nach. Wie im Film. Wie im Leben.

Nach der Trauerfeier in Kiel, wieder in der großen Kirche am Niemannsweg, und nach der Beerdigung saßen wir fünf Geschwister am selben Tisch in derselben Küche. Es hatte sich nicht viel verändert zu damals. Nur die Stoffwolken vor dem Fenster und die Sets hatte unsere Mutter vor einigen Jahren mal erneuert. Die anderen warteten alle im Wohnzimmer. Wir saßen eine ganze Zeit beieinander, besprachen dies und das. Und so traurig es war, so gut war es auch.

Dann haben wir das Haus abgeschlossen, sind in unsere Leben gegangen, haben die Emotionen ihren Platz finden lassen.
Ein paar Wochen später haben wir uns alle wieder getroffen, das Elternhaus und die Erinnerungen sortiert. Gelächelt über die uralten Konserven, die immer noch im Keller standen, weil unsere Mutter nie auf Verfallsdaten geachtet hatte, auch im Kühlschrank Quarkpäckchen so lange hütete, bis sie kugelrund waren. Was früher nervte, rührte nun.

Neulich haben die Kinder in meinem Vorratsschrank Honig entdeckt, der vor drei Jahren bereits hätte entsorgt werden müssen. Da war was los! »Mama!!!«
Die Miracoli-Packung hatte ich zum Glück vor ihnen entdeckt …
Ich muss immer Vorräte haben. Nicht, weil ich je Hunger hatte. Aber ich bin immer auf Besuch vorbereitet. Als die Kinder nach und nach auszogen, musste ich mich im Supermarkt immer sehr konzentrieren. Kleine Mengen sind mir unheimlich.
Bei Feinkost-Meyer in Wenningstedt auf Sylt stand mal eine Frau fassungslos hinter mir, starrte auf das Müller-

Milchreis-Fließband und fragte schließlich etwas mitleidig: »Haben Sie ein Heim?«
»Ja«, konnte ich glücklich antworten. »Das habe ich!« Sie nickte aufmunternd. Ich glaube, sie hat mich nicht richtig verstanden.
Ich könnte auch nie ein Auto mit nur zwei Sitzen fahren, egal in welcher Preisklasse. Ich brauche eine Rückbank.

Damals also, nach dem Tod unserer Mutter, räumten wir und lachten über manche Klamotte, die aus dem Kleiderschrank hervorkam. Haben Geschichten erzählt, die uns einfielen beim Anblick eines Bildes, des Flügels, des schweren alten Schreibtisches unseres Vaters und überhaupt. Haben uns verabschiedet von der Zeit, als wir noch Kinder gewesen waren, weil wir Eltern hatten. Jeder bekam die Stücke, die ihm und ihr oder den Enkelkindern wichtig waren, wir haben geteilt und verschenkt, das Kunstvermächtnis sorgfältig eingelagert und alles andere der Wohlfahrt gegeben. Wir stritten nicht. Das wäre uns absurd vorgekommen. Wir lösten unser Elternhaus auf, nicht unser Versprechen.

Nein, es schien mir nicht merkwürdig, dass ich nach dem Tod unseres Vaters Aufgaben unserer Mutter übernahm. Ich ging zu Elternabenden, zum Arzt, sprach mit Lehrern, wurschtelte in der Küche. Lernte dabei so viel, dass ich nicht mehr in die Haushaltsschule musste wie noch unsere große Schwester. Unser Vater hatte nämlich verfügt, dass wir Mädchen als »Gegenleistung« für die Bundeswehrzeit der Jungs nach dem Abitur eine Ausbildung zur Hauswirtschafterin machen sollten. So wie wir alle ein Praktikum in einer Bank machen mussten, damit wir, wie unser Vater scherzte, »einen Wechsel von einem Scheck unterscheiden« konnten. Ich war allerdings nach den Wochen in der Bank eher Expertin fürs Falten und Eintüten von Briefen: Nachdem man mich einige Tage Bankleitzahlen hatte heraussuchen lassen, war ich in der Poststelle hängengeblieben.

Doch während unsere große Schwester also noch gelernt hatte, wie man einen Blumen- und einen Gemüsegarten anlegt und die Kuhstallwände richtig abduscht, hielt unsere Mutter es für ausreichend, wenn ich einen Delikatessen-Kochkurs im Elsass belegen würde. Wir hatten inzwischen nämlich *Essen & Trinken* abonniert. In Erinnerung behalten habe ich zwei Dinge von dem Ausflug: Die Frau, mit der ich mir – huch! – bei dem Kurs das Zimmer teilen musste, trug eine schwarze Perücke, die auf dem Kopfkissen lag, als ich den Raum betrat. Als ich die Frau dazu kennenlernte, war ich verwirrt, dass sie auch ohne Perücke volles Haar hatte.

Und, zweite Erinnerung, die Köche bereiteten für sich selbst begeistert etwas zu, was ich bis dahin nur als Hundefutter kannte: Pansen. Wie man aus einem riesigen Hecht in stundenlanger Arbeit drei winzige Klößchen zaubert, habe ich hingegen längst verdrängt und nie wieder versucht. Ich fand das völlig absurd.

Wir hatten noch das Hausmeisterehepaar, das in der Einliegerwohnung wohnte – aber ohne meinen Vater, der aus gutem Grund Zettel wie »Na, schnüffeln Sie schon wieder« in seine Schreibtischschublade legte, wollte unsere Mutter kein »großes Haus« mehr führen. Die Hausmeister zogen schließlich aus. Lange, unerfreuliche Auseinandersetzungen gingen dem voraus, manchmal fehlte unser Vater auch einfach ganz praktisch.

Schon als Kind hatte ich mich offenbar um die Rolle der »Ingamachtdasschon« beworben und sie auch bekommen. Das ist keine schlechte Rolle, und nach dem Tod unseres Vaters half sie mir, mich nicht in meiner Trauer zu verlieren. Denn natürlich fehlte er sehr. Er war die Emotion in unserem Leben, die weiten Arme, die einen auffingen und drückten. Unsere Mutter war eher der Kopf, die Kreativität.

Ich suchte und bekam Verantwortung und war alt, als ich jung war. Also lachte ich nur, wenn mich jemand fragte, ob ich nicht zu jung sei zum Heiraten mit Anfang zwanzig. Es fragten auch nicht viele. Unsere Mutter war froh, dass die Beziehung zu einem siebzehn Jahre älteren Mann (Freud lässt grüßen? Vaterkomplex? Nein. Das war es nicht.) in

ordentliche Bahnen gebracht wurde. Kiel ist keine Weltstadt, unsere Familien kannten sich. Ich hatte keine Zweifel, als Ernst um meine Hand anhielt. Wir feierten Hochzeit, wie Romane sie beschreiben. Mit einem Polterabend, der den Namen verdient und bei dem ganze Porzellantoiletten im Eingang zu Bruch gingen, mit Kutsche zur Kirche und Spalier der Reiterfreunde davor – selbst meine Hannoveraner Stute war dabei, vor der Kirche, nicht drinnen! Wir sausten im quietsch-orangenen Käfer-Cabrio und lärmenden Dosen an der Stoßstange davon und hatten viel Spaß.
Dass der Alltag unser beider Erwartungen nicht standhielt, war niemandes Schuld. Eine falsche Verabredung zur falschen Zeit. Und ich war wohl doch noch nicht so alt, wie ich dachte. Ich wollte Kinder, aber alles andere auch. Nicht nur Mutter, Hausfrau und Gattin sein. Auch arbeiten, raus, gucken. Ich musste ziemlich schnell meinem Stern folgen. Den Preis dafür habe ich bezahlt und einige emotionale Schulden hinterlassen. Es hat lange gedauert, bis es mir nicht mehr peinlich war.
Unsere Mutter knallte mir erst einmal eine, als ich mit dem Baby wieder im Elternhaus auftauchte, unweit vom Ehehaus, und erklärte, dass es nun leider vorbei wäre. Ich würde wieder nach Hamburg ziehen, vorher aber wohl ein paar Wochen bleiben, bis ich eine Wohnung gefunden hätte. Für unsere Mutter brach die Ordnung zusammen. Für meine zerschossenen Gefühle war in ihrer Enttäuschung und auch Sorge kein Raum. Oder womöglich doch, sie konnte es nur nicht formulieren.

Sie musste gar nicht wieder Verantwortung für mich übernehmen, die trug ich schon so lange selbst. Aber sie spürte für sich diese Last. Sie war ja eine Mutter.
Nur Anna sollte nie darunter leiden. Sie hat es natürlich doch getan: Alle Scheidungskinder haben Kratzer. Bei aller Liebe und wegen aller Liebe lässt es sich nicht vermeiden. Ich habe sehr lange mit mir gehadert. Aber es gab nie Streit ums Kind. Dafür war ich dankbar und bin es immer noch.

Beziehungen

Denn niemals, und das ist das Wichtigste bei allen Auseinandersetzungen, sollen Kinder sich entscheiden müssen, wen sie lieben dürfen: Mama oder Papa. Das bringt sie in viel zu große Konflikte, als dass wir Eltern – bei allem Trennungsfrust – das Recht hätten, sie dort hineinzustürzen.
Eltern können sich entlieben, heute wohl leichter denn je. Sie dürfen aber nicht den Kindern das Gefühl geben, dass sie es auch müssten. Das ist der größte Fehler, den Erwachsene bei einer Trennung begehen können: wenn sie ihre Wut und Fassungslosigkeit nicht in Gegenwart der Kinder unter Kontrolle bekommen. Wenn sie ihre Enttäuschung projizieren auf die, die keine Verantwortung tragen.

Das ist nicht leicht dahergesagt, ich weiß sehr genau, wie viel Kraft es kostet. Ich habe es erlebt und gelebt. Natürlich gibt es Momente, in denen man einfach nur brüllen möchte: »Euer Vater ist echt das Letzte!« Und umgekehrt ist es sicher genauso. Doch man muss solche Sätze rechtzeitig schlucken oder herunterwürgen, klar. So schwer das ist, so sehr lohnt es sich auch.

Auf lange Sicht – und Kindererziehung ist letztlich nichts anderes als ein Marathon – profitieren alle, wenn die Erwachsenen lieber einmal zu viel als zu wenig in die Tischkante oder wohin auch immer beißen. Denn die Beziehung, die man zu seinen erwachsenen Kindern hat, wird in sehr jungen Jahren angelegt. Alles hat nicht nur seine Zeit, sondern auch seine Konsequenzen.

Ihre Schultern sind nicht die Abwurfstelle für unsere Probleme. So wie man auch in erwachsenen Beziehungen erst einmal fragen sollte, ob bei dem anderen gerade noch Platz ist auf der Fläche unterm Ohr, bevor man seinen Stress dort hinwirft.

Wir sind doch vor allem selbst zuständig für unser Glück. Und auch für das unserer Kinder, eine ganze Weile jedenfalls. Ihre Schultern müssen erst wachsen.

Das heißt ja nicht, dass man den Kindern heile Welt vorkaspert. Das wäre genauso falsch. Ich bekomme bis heute am späten Sonntagnachmittag manchmal grundlos ein mulmiges Gefühl in der Magengegend. Denn unsere

Eltern stritten sich immer um diese Zeit. Nicht öffentlich, aber es waberte eine merkwürdige, kalte Stimmung durchs Haus. Wir wussten also, da ist etwas los, aber da wir ohnehin nie viel informiert wurden, weil unsere Eltern der Meinung waren, Kinder müssten vieles gar nicht wissen, konnten wir uns nur unseren Teil denken und unsere Ängste entwickeln. Und so meinten wir oft, es wäre unsere Schuld. Streit beunruhigt mich seither, ich habe ihn nie als reinigend erlebt.

Ich hielt es also für richtig, unseren Kindern zu erklären, dass es Auseinandersetzungen zwischen Eltern gibt, dass es laut werden kann, auch eisig und traurig. So, wie sie sich ja auch mit ihren Freunden mal stritten, mit den Geschwistern zankten. Dass das aber eben nicht alles in Frage stellt. Und dass ihre Geborgenheit schon gar nicht darunter leiden soll. Dass sie immer fragen können.

Doch keine Details, bitte. Kein Kind möchte hören, dass Mama sauer ist, weil Papa einer anderen Frau Avancen gemacht hat. Und umgekehrt. Dass er nie den Müll runterbringt, die Socken liegen lässt, sinnlos Geld für Autos verplempert. Dass sie immer zu spät ist, shoppingsüchtig, und ihre Oberweite auch schon mal mehr hergemacht hat, was auch immer.

Kinder wollen zu solchen und vielen anderen mehr oder weniger intimen Themen keine Stellung beziehen. Nicht, wenn es um die eigenen Eltern geht und schon gar nicht, wenn darüber gestritten wird.

Man ist versucht, Trennungskinder zu manipulieren. Verständlich. Schon um sich ins rechte Licht zu setzen. Anderen gegenüber, aber vor allem vor sich selbst. Wir reden hier nicht von indiskutablen Zuständen, die zu Scheidungen führen, von Sucht, Vergewaltigung, Prügel, wobei Gewalt kein »Privileg« der Männer ist. Da ist Hilfe ganz anderer Art gefordert.

Doch schon bei »ganz normalen« Scheidungen möchte man das Kind auf seine Seite ziehen, das will man ja schon in intakten Ehen. Sagt es zuerst Mama oder Papa? Wieso sagt es erst »Porsche«?? Damit geht es doch schon los.

Und dann steht eines dunklen Abends ein kleiner Junge mit gepacktem Oilily-Rucksack in der Küche, »Nuschi«, das Kuscheltuch, in der einen, das Lichtschwert in der anderen Hand, Entschlossenheit im Blick und sagt: »Ihr seid alle doof!! Ich zieh jetzt zu Papa nach Hamburg.«

Das muss man erst einmal aushalten.

Stehen bleiben, wenn der Boden sich öffnet.

Und dann ganz ruhig reagieren. »Okay. Aber erst mal schlafen. Ist ja schon dunkel jetzt. Und morgen schauen wir, wann ein Zug fährt.«

Auch wenn der Rucksack am nächsten Morgen von der kleinen Hand ausgepackt wieder in der Ecke lag – in der mütterlichen Magengrube rotierte ein Bagger.

Man muss so oft abwägen. Immer wieder gerät man an die Grenzen seiner emotionalen Kapazitäten, wenn man Scheidungskinder hat. Man ist ungeheuer verletzlich. Weil jeder Schmerz der Kinder ohnehin direkt unter die eigene

Haut geht, fühlt man sich besonders verantwortlich. Welche Eltern möchten schließlich ihrem Kind Extrakummer bereiten? Die wenigsten, sicher. Man muss sehr wachsam sein, dass es nicht doch passiert.

Meine zweite Ehe war intensiver; wir hatten viel zusammen aufgebaut, seine große Karriere im Beruf und im Segelsport, meine kleine bei der *Welt*. Gearbeitet habe ich immer, auch keine Babypausen eingelegt, aber richtig Gas gegeben habe ich erst, als die Kinder größer waren: Karriere kann, daran glaube ich, in einer Familie nur einer machen, solange die Kinder klein sind. Wir hatten anfangs beide wenig Geld, aber viele Freunde, viel zu tun, viel Spaß, Anna immer mittendrin. Wir hatten Rotwein von Aldi und Mumm-Sekt zum Fabrikpreis (dank Mr. Bronfman), drei selbst renovierte Altbauzimmer, einen Gemeinschaftsgarten und keine Waschmaschine. Wir heirateten auf einem Hamburger Standesamt, und ich kam zu spät, weil ich nicht wusste, wie lange es dauert, helle Strähnchen in schulterlange Haare machen zu lassen. Die Friseurin wusste es allerdings auch nicht, ich war leicht ergraut. Wir reisten im ollen VW durch Europa zu Segelregatten, durften mit Heinz Nixdorfs Jet zu Trainings nach Mallorca fliegen, Achim steuerte große Rennyachten so zielsicher wie sein Starboot. Wir schafften es schließlich, doch unser Traumhaus zu finanzieren, bekamen noch zwei süße Kinder.
Und verloren uns plötzlich.

Wir hatten viel zusammen geschafft, deswegen war diese Trennung schwieriger, emotionaler, langwieriger als die erste. Meine Mutter wollte mich zeitweise ganz ernsthaft in ein »Sanatorium« einweisen lassen, sie war sicher: Ihre Tochter brauchte psychologische Maßnahmen. Der Kampf um die Kinder ging an die Grenzen. Gott sei Dank nicht mit ihnen. Nie ging es mir schlechter. Ihr Vater litt nicht minder. Wir mussten es tun.
Eine schreckliche Zeit. Noch mehr emotionale Schulden belasteten das Seelenkonto.
Doch der Stern befahl: Folge mir!
Ich tat es. Aber nicht mehr blind. Zum ersten Mal hatte ich Grenzen erkennen und akzeptieren müssen, die ich nicht mit eigener Kraftanstrengung überwinden konnte, sosehr ich dazu bereit war. Doch plötzlich saß eine Frau vom Jugendamt auf meinem Blumensofa, um zu checken, ob ich eine gute Mutter sei.
Na, wenn die geahnt hätte, dass Nini mal als Dreijährige in der Gästetoilette ihrer Großmutter einen großen Schluck aus dem Opium-Parfümflakon genommen hatte (sie war geschickt auf den Toilettendeckel geklettert und so an das vermeintlich unerreichbare Bord unter dem Spiegel gekommen), um sich dann umgehend und mit demonstrativ herausgestreckter Zunge über den ekligen Geschmack zu beschweren. Vor lauter Schreck kippte ich gleich literweise Wasser in sie hinein. Es gab keine Nebenwirkungen. Abgesehen davon, dass Nini nie wieder Parfüm trank und Opium auch als Mundwasser

noch wochenlang einen sehr intensiven Duft verströmt … Doch so lustige Geschichten traute ich mich nicht zu erzählen.
Nie fühlte ich mich hilfloser fremden Mächten ausgeliefert als bei diesen Kontrollen durch das Jugendamt, ausgelöst vom gegnerischen Anwalt. Ein Albtraum! Es war mir eine Lehre für immer. Es ist weit mehr als zwanzig Jahre her, aber Geschichten über Sorgerechtsauseinandersetzungen kann ich nur selten gelassen lesen.
Ich hatte Glück, bekam Hilfe. Sehr viel von meinem jetzigen Mann. Er hatte nichts mit der Trennung zu tun, aber gab mir die Kraft zurück und tut es bis heute. Auch meine Mutter trat schließlich über auf meine Seite.
Und dann gab es überhaupt ein glücklicheres Ende, als ich zwischendurch zu hoffen gewagt hätte. Als alles geregelt war, konnten wir wieder freundschaftlich miteinander umgehen. Wir haben beide neue Familienverzweigungen, aber schließlich ein Leben lang gemeinsame Kinder.
Nur über das Thema Weihnachten streiten wir. Aber das kommt ja in den besten Familien vor.

Als wir uns trafen, hatte mein Für-immer-Mann zu seinen Söhnen keine Alltagsbeziehung, war mehr ein Feiertagsvati. Das war nicht lieblos, sondern hatte sich so ergeben. Er arbeitete sehr hart, baute aus dem Nichts ein großes Entertainment-Unternehmen auf, die Jungs lebten bei

Heidi, ihrer Mutter. Alles nicht weit voneinander entfernt in Berlin.

Als wir unsere Leben zusammenwarfen, trafen auch fünf Kinder aufeinander. Die Vorstellung, es gäbe da so etwas wie »seine« Kinder und »meine« Kinder, beunruhigte mich. Ich fand es unfair, vor allem seinen Jungs gegenüber. Eine neue Frau bei einem eher fernen Vater, okay. Aber neue Kinder? Was für Verlustängste würde das auslösen? Sie waren ja alle noch klein.

Wir fingen also an, unsere Patchworkdecke zu nähen. Und weil wir dank Heidi zu dritt waren und sind, wurde sie auch fertig und kuschelte fünf Kinder ein, die so geborgen zu echten Geschwistern wurden.

Großzügigkeit ist mir extrem wichtig, als Basis des Familienprinzips und überhaupt. In finanzieller Hinsicht sowieso, aber vor allem im Umgang miteinander. Es ist wohl so, wie Anna es einmal formuliert hat: »Denn wir alle haben gelernt, dass es doch besser ist, wenn sich der Einzelne mal zurücknimmt (auch zähneknirschend), um das Glück des Ganzen zu haben.«

»Wende dein Gesicht der Sonne zu und du lässt den Schatten hinter dir.« Ein afrikanisches Sprichwort. Funktioniert auch in Deutschland.

Donnerstag, 14. Oktober

Die Rolltreppe in meinem Berliner Lieblingskaufhaus KADEWE führt direkt in die Regale von Repeat. Ich kaufe schnell zwei Kaschmirjacken, oberschenkellang, etwas weiter geschnitten, da geht irgendwann auch ein Bauch noch mit hinein. Für Anna. Nur so. Großmutternestbauübersprungshandlung.

An der Kinderabteilung gehe ich tapfer vorbei. Das ist noch zu früh. Man soll das Schicksal nicht herausfordern.

Mittwoch, 20. Oktober

Ich bin auf dem Rückweg von Tel Aviv, wo ich mit Freundinnen war, wieder einmal kürzer als geplant, weil berufliche Verpflichtungen erfüllt werden müssen. Ich sehe das aber nicht negativ, immerhin konnte ich mit den Freundinnen in Israel sein. Und nun sitze ich also im Taxi und überlege, ob ich jetzt bequem werden, ein paar Gänge herunterschalten darf. Mein neuer Status als Großmutter wäre doch ein gutes Alibi. Oder? Eben: wohl kaum. Sind Enkel eine gute Ausrede? Hmh. Es geht nicht um Alibis, das Leben ist kein Kriminalfall. Man muss schon selbst entscheiden.

Natürlich melden sich Sehnsüchte, und immer wieder gibt es die Momente, in denen man denkt: Was wäre, wenn? Je älter ich zum Beispiel werde, desto mehr Heimweh habe ich nach Norddeutschland. Die Scholle ruft.

»Fischkopp, oder?« Das mag nicht besonders charmant klingen, aber ich freue mich jedes Mal, wenn mir jemand diese Frage stellt. Seit zwanzig Jahren lebe ich in Berlin, aber niemals würde ich meine norddeutsche Identität opfern mögen. Und ganz offenbar hört man am Klang meiner Sprache, dass ich nicht in der Hauptstadt aufgewachsen bin. Genau genommen bin ich aber kein Fischkopp, wie die Berliner zu den Nordmenschen sagen, sondern eine Sprotte. Eine Kieler Sprotte. Mit stolperndem P gesprochen, so wie Loki Schmidt es tat. Oder wahlweise »Schprodde«, wie die Frauen auf dem Markt am Blücherplatz sagen. Wobei meine »Sprottenzeit« schon sehr lange zurückliegt, neulich habe ich einen richtigen Schreck bekommen, als ich irgendwo in Zusammenhang mit meinem Namen »die Kielerin« las. Schließlich war doch schon seit Abiturtagen die Autobahn nach Hamburg meine Lieblingsstraße. Sie ist es bis heute. Egal, aus welcher Richtung ich komme.
Kiel war mir zu klein, zu eng, zu »man-kennt-sich«. Doch wenn ich zurückkomme, nicht mehr so oft wie früher, als unsere Mutter noch lebte, aber manchmal eben doch, dann legt sich eine heitere Zufriedenheit auf mein Gemüt. Es ist

alles so vertraut. Und so unverändert. Das *Heinrich VIII.* an der Holtenauer Straße gibt es immer noch, nicht zu fassen, da hockten wir schon Anfang der Siebzigerjahre und erfanden die Welt neu. Und die Innenstadt ist immer noch hässlich. Dass die Stadt im Krieg so schwer zerstört wurde, ist historisch nachvollziehbar, aber warum der so schön am Meer gelegene Ort über so viele Jahre von Stadtbaudirektoren mit ausgesucht wenig Bewusstsein für Ästhetik in die Mangel genommen werden musste, das kann keiner erklären. Nur bedauern. Die Betonwüste, die sich vom Exerzierplatz herunter ergießt, ist so absurd wie der Name »Schloss« rührend für das Kastenhaus nahe beim Kreuzfahrt-Terminal. Und doch: Kiel hat etwas. Auch schöne Häuser, klar. Vor allem aber das Wasser, das alles wettmacht, was zu spießig wirkt. Den weiten Blick, die Aussicht auf das Meer, das überall hinführt. Wenn man möchte.

Manchmal rede ich mit dem Schauspieler Axel Milberg, den ich seit Jugendtagen kenne, über Kiel, das wir gern verlassen haben und dennoch in unseren Herzen tragen. Dass ausgerechnet er die Rolle als *Tatort*-Kommissar an der Förde angeboten bekommen würde: wie witzig. Doch der Borowski hat seinen Horizont im Wortsinn erweitert. Er hat Plätze kennengelernt, von denen wussten wir gar nicht.

So ist es ja oft mit der Heimat. Der Klassiker »Warum in die Ferne schweifen, sieh, das Gute liegt so nah« ist eben weit mehr als ein Spruch für das Stickkissen. Als Vielreisende

habe ich ihn für mich ohnehin längst modifiziert: »Am Ende der Ferne liegt wieder die Nähe.« Soll heißen: Nie verlasse ich mein Land wirklich. Denn der Norden ist immer in mir. Wenn ich zum Beispiel in einer Woche sehr viel und weit fliegen muss, dann schicke ich meine Seele nach Sylt. Dort haben wir unser Familienhaus, dort soll sie warten, bis ich sie wieder rufe. Denn das Fliegen ist nicht gesund, und ich möchte nicht, dass sie Schaden nimmt, sondern dass sie dort auftankt, wo ich es auch am liebsten tue.
Und wenn ich Dinge sehe, die unerfreulich und traurig und anstrengend sind, dann rufe ich Bilder ab. Norddeutsche Landschaften. Zu jeder Jahreszeit. Ich habe sie im Kopf und auf dem Handy. Sonnenuntergänge, die dicken, englischen Rosen wie aus einem Ralph-Lauren-Katalog und doch aus meinem Garten (Was nicht an meinem Geschick liegt, sondern an der Erde und der Luft). Doch die meisten Bilder sind irgendwo auf der emotionalen Seite meines Gehirns abgelegt.

Wurzeln

Erinnerungen. Erinnerungen an sehr viele Ferien auf Sylt. Oder die Kindertage an der Ostsee in Strande, wo wir von Kiel aus schnell hinfuhren und wo ich erst nach vielen Jahren lernte, mit dem Kopf über Wasser zu schwimmen;

tauchen hingegen konnte ich früh (wahrscheinlich, weil mein Sternzeichen Fische ist). Oder Laboe, wo wir eine Tante und den Vetter und die Cousine besuchten, die Ferien dort machten, weil sie irgendwo im Harz, also im Gebirge lebten. Was für uns eine schreckliche Vorstellung war. Nicht nur weil mir im Kinderheim im Harz einmal mein Teddy mit dem abgeknuddelten karierten Bauch geklaut worden war. Gebirge, das war doch ohne Wasser?? Seen sind ja kein richtiges Meer. Oder der Tag, als ich endlich meinen Führerschein bekommen hatte und im alten Käfer, den ich von meiner Schwester übernahm, die ihn von meinem Bruder übernommen hatte, der ihn gebraucht bekommen hatte …

Also, jedenfalls fuhr ich mit meinem eigenen Auto sofort los Richtung Louisenlund, dem Internat der Familie Schleswig-Holstein nahe Eckernförde direkt an der Schlei. Endlich die Freunde dort ganz unabhängig besuchen können, das war ein tolles Gefühl. Aber auch die Fahrt, der Weg von Kiel nach Guby, war durchaus romantisch. Andere Leute werden das von der Weinstraße sagen, und ich liebe auch Brandenburger Alleen, und die Route 66 kann man auch mal machen, ohne Frage, ich bin auch schon von New York runter nach Miami und durch die kanadische Wildnis gefahren. Aber durch Norddeutschland zu kurven ist eben eine sättigende Erfahrung für sich. Am liebsten frühmorgens und ohne Eile. Am schönsten Ende Mai, Anfang Juni, vorbei an Knicks und (Raps-)Feldern, am Horizont der Himmel und das Meer und die Zukunft. Das prägt.

»Aber das Wetter!!«, höre ich Sie sagen. Na ja, stimmt schon, ist nicht immer Kalifornien. Wobei, wenn man die Verschiebungen bedenkt, die wir in den vergangenen Jahren erlebt haben, dann sind die Aussichten im Norden gar nicht so schlecht. Und außerdem gilt weiterhin der Satz: »Es gibt kein falsches Wetter, nur falsche Kleidung.« Und wäre das Wetter nur gut, wie sollten wir uns dann besonders über das gute freuen?
Es gibt Menschen, die können überall leben, sind dort zu Hause, wo sie sind. Die wandern frohen Herzens aus, beginnen neu in Asien oder in Australien und sind zufrieden. Ich könnte das nicht. Ich kann weg, aber nie dürfen die Wurzeln überdehnt werden. Dann schwindet die Kraft. Ich bin eh dankbar für mein Leben, aber besonders dankbar bin ich dafür, dass ich immer in der Nähe des Nordens bleiben durfte – und dass meine Familie es auch getan hat. Das Gummi federt zurück, auch bei unseren Kindern. Das ist nicht Erziehung, sondern Erdanziehung. Sie mussten alle mal weg: Feriensprachkurse, Austauschjahr in Amerika, Schule in Kanada, Internat in England, Uni in Genf oder Boston. Was die Leistungsgesellschaft heute so für selbstverständlich in einer Bewerbung hält. Aber sie sind alle zurück. Sie haben sich alle gern in der Nähe.
Und das Mutterherz spielt natürlich Flipperautomat: klingelingeling.
Wenn man stets in Goldelund, dem kleinen, aufgeräumten Dorf im Norden Schleswig-Holsteins, wohnen müsste, dann käme vielleicht auch ein stärkeres Fernweh durch. Ich

weiß auch nicht, ob Leck meine Stadt wäre, wo Kiel mir doch schon zu überschaubar schien, auch im Denken. Und doch sind es Orte wie die kleinen schleswig-holsteinischen Ansiedlungen, die wir gut in unserem Bewusstsein gebrauchen können. Mehr denn je. Weil sie zwar irgendwie langweilig sind, vor allem für Teenager, aber auf der anderen Seite so beruhigend. Überschaubar. Anständig. Naturverbunden.

Im Frühjahr nehme ich auf dem Weg nach Sylt gern die Route über Husum, weil dort unter einer gewaltigen Eiche (glaube ich) stets ein Meer von Krokussen blüht. Das ist so schön wie Versailles, und für mich ist es noch viel beeindruckender.

Es ist ja auch nicht so, als wäre ganz Schleswig-Holstein ein einziges Biotop friedlich äsender Gemütsmenschen. Medizintechnik, Biotechnologie, Meereswissenschaften, Informationstechnologien – alles keine Fremdwörter im Norden, ganz im Gegenteil.

Etwas mehr als 2,8 Millionen Menschen leben im nördlichsten Bundesland; mit einer Bevölkerungsdichte von 179 Einwohnern pro Quadratkilometer – weit unter Bundesdurchschnitt – bleibt noch Luft zum Atmen. Von Verödung kann trotzdem keine Rede sein. Es gibt Traditionen und Sprachen, und sie werden gepflegt.

Rudolf Hell erfand das Faxgerät, Max Planck lehrte an der Universität Kiel, und Willy Brandt wurde in der Hanse-

stadt Lübeck geboren. So! Und Karl Lagerfeld ist natürlich auch Schleswig-Holsteiner.
Doch nicht, dass das die Leute im Norden aus der Fassung bringen würde. Sutsche! In der Ruhe liegt die Kraft. Und in der Natur. Man muss nur bei Unwetter auf den Dünen am Meer von Sylt stehen. Ganz still und bescheiden wird man dort. Die Kraft, mit der das Meer herandonnert, ist so faszinierend mächtig. Und dann, wenn sich Neptuns und Petrus' Zorn gelegt hat, dann wandert man über denselben Sand, der am Tag zuvor so traktiert wurde, und alles ist glatt und schön und weit, und das Meer plätschert, als könnte es kein Wässerchen trüben. Und irgendwo am Horizont ist England und dann Amerika oder Island, und das Licht bricht sich auf magische Weise, und man atmet tief, und es fühlt sich sehr gesund an. Und das ist es auch.
Das ist der Norden. Da komm ich her.
Im Norden, und dafür gibt es eine Studie!, leben die glücklichsten Menschen in Deutschland.

Hamburg

Berlin ist für den Kopf, Hamburg für die Seele. ein Privileg, dass ich mit beiden und zwischen ihnen hin und her leben kann.

Als ich jünger war, wollte ich gern ein Loft in New York besitzen. Heute gehe ich wie neulich mal wieder über den Wochenmarkt unter der S-Bahntrasse in der Isestraße in Hamburg-Eppendorf und könnte heulen vor Rührung. Es sah aus und roch wie früher schon, nur die Frau mit den gewaltigen BHs, die sie wie Eisberge mit der Spitze nach oben auf einem Klapptisch aufgebaut hatte, konnte ich nicht mehr finden.

Das war der Tisch, unter dem ich den Kleinen mal liegen ließ in seiner Wut und drei Stände weiter Obst aussuchte, während Spitzbergen erbebte. Die ältere Verkäuferin hatte freundlicherweise kein Problem damit. Fand mich womöglich vernünftig, lachte jedenfalls – oder war es Erleichterung? –, als ich die blonde Wut wieder in den Buggy stopfte. Wenn man drei ist und noch Emotions-Azubi, wie die Autorin und Vierfachmutter Katja Kessler es so schön nennt, dann muss man ja manchmal sehr viel und sehr trotzig rumbrüllen: Hallo, ich bin ein ganz großer, starker Kerl! Und ich will, was ich will!! Gibt es hier vielleicht irgendwo Grenzen??

Was wohl passieren würde, wenn man heute sein Kind einfach mal kurz so im öffentlichen Raum herumwüten ließe?

Die Frau mit den BHs ist also nicht mehr da. Aber »Pingel« ist es noch. Die Pingels sind die nettesten Süßigkeitenverkäufer der Welt. Ihre Trüffel, Bonbons und Kekse aus eigener Produktion schmecken köstlich, aber noch viel besonderer ist ihre Art. Ungeduld von Erwachsenen ist nicht erlaubt, anderen Kunden gegenüber nicht und schon gar nicht den Kleinen gegenüber. Jedes Kind darf in Ruhe auswählen, auch wenn es nur für fünfzig Cent einkauft und nur auf Zehenspitzen in die unterste Reihe der Auslage des Marktwagens gucken kann: »Ich neehhhmm ein rosa und ein gelben … – und dann noch die grünen und dann, ähm, dedediie, hmh …« Und währenddessen reicht Frau Pingel mit einer kleinen Schippe wie aus dem Kaufmannsladen erst einmal einen Bonbon zum Probieren herüber. Das war vor fünfundzwanzig Jahren so, und es ist immer noch so. Frau Pingel trägt mittlerweile graue Löckchen über den gütigen Augen, Herr Pingel sieht immer noch aus wie der Herr Pingel, den Anna gern heiraten wollte, bevor sie sich mit fünf dann aber doch lieber mit Horst Hillesheim »verlobte«, dem langjährigen Chef vom Dienst bei der *Welt*. Die Töchter Pingel sind längst erwachsene Frauen, bestimmt auch schon Mütter. Und genauso entzückend und gutgesinnt wie die Eltern. Ich hatte einen Kloß im Hals, als wir uns unterhielten und ich auch einen Vollmilchtrüffel in der kleinen Schütte angereicht bekam. »Ist doch schön, dass wir noch so sein können«, sagte Tochter Pingel warmherzig, und es fühlte sich an wie ein Streichen über den Kopf.

»Ich nehm noch eine rote saure Schlange!!«, juchzte das Kind neben mir plötzlich auf. Damit war auch diese Tüte schließlich voll …

Aber ich weiß auch, dass alles seine Zeit hat. Und nichts ist schöner, als wenn man eben doch ein Alibi findet, das eine oder andere zu tun, was noch gar nicht dran ist. Enkel, zum Beispiel, sind womöglich eine wunderbare Notwendigkeit, seine Zeitprioritäten neu zu strukturieren.
Manchmal, vor allem wenn der Herbst kommt, erfasst mich große Sehnsucht, mich in alten Fotoalben, den Tüten voll mit immer noch nicht eingeklebten Bildern, den Leitz-Klarsichtboxen voller Erinnerungen zu verlieren, zu verträumen. Eine weiche, wunderbare Melancholie macht sich dann breit. Sie ist nicht traurig. Sie sorgt für Ruhe.

Erziehung

An der langsamen Passkontrolle am Flughafen in Tel Aviv steht in der Reihe neben mir eine russische Familie, die Mutter langt ihrer etwa fünfjährigen Tochter eine, die Kleine weint, die Mutter reagiert nicht weiter, die Großmutter schaltet sich ein, tröstet das Kind. Generationenvertrag.
Ist die Mutter herzlos? Überfordert, abgestumpft?
Man kann es oft nicht richtig beurteilen. Ich bin auch mal bei – ja, ausgerechnet! – Ikea in Hamburg fast verhaftet worden. Es war Anfang der Achtziger, als der Begriff Erziehung ein ziemliches Bähwort war und die Schweden ohnehin mit ihrer Duzerei und der ganzen damit verbundenen

Attitüde nervten. Von den schlecht verleimten Schubladen ganz zu schweigen. Aber das ist ja Geschichte.

Nun, Anna war drei, das Alter, in dem Kinder ganz besonders entzückend und gern mal besonders wütend sind. Das Alter, in dem der Dickkopf seine Grenzen testet. Anna war zudem sehr stark, schon vor ihrem ersten Geburtstag schob sie bisweilen den schweren Sofatisch vor sich her wie andere einen Puppenwagen. Und dieses süße Kind mit den langen goldenen Locken bekam nun einen klassischen Tobsuchtsanfall vor einem Regal in dem Möbelhaus, weil ich einfach nicht einpackte, was es wollte. Das ist im Möbelhaus nicht anders als im Supermarkt. Sie warf sich auf den Boden, schrie und schrie, und ich tat, was ich meistens tat: Ich ließ sie a. schreien und b. liegen. Reihte mich ein paar Meter weiter in die Kassenschlange ein. Ich hatte gute Nerven damals. Und fühlte mich im Recht.

Falsch gefühlt. Ich wuchtete die Einkäufe aufs Band, Anna hatte mittlerweile – natürlich immer noch randalierend – zu mir aufgeschlossen, ich tat weiterhin, als hörte ich sie nicht. Ein Fehler. Nicht unbedingt aus pädagogischer Sicht. Aber in diesem Umfeld. Die Kassiererin schnauzte mich an: »Was haben Sie mit dem Kind gemacht?????«

»Nichts. Nur nicht das komische Viech gekauft.« Schaulustige hatten inzwischen Witterung aufgenommen.

»NICHTS?? Und das Kind weint trotzdem?« Die Kassiererin, offenbar kinder-, aber in jedem Fall ahnungslos, lief zur Hochform auf, ich wurde auch langsam sauer. »Ich ruf die Polizei!!«, schrie sie, es kam aber nur ein Chef. Ich ließ Luft ab, dachte, der beruhigt die hysterische Kassiererin. Doch im Gegenteil, der machte mich erst recht fertig. Brüllte etwas von Quälerei und Hausverbot und wieder Polizei und überhaupt. Ich versuchte kurz zu erklären, dass ich es nicht so hätte mit antiautoritärer Erziehung, ließ ihn brüllen, so wie Anna zuvor. Inzwischen war an sämtlichen Kassen der Betrieb vorübergehend eingestellt. Ich zahlte, packte entnervt die Pappen, verzichtete auf eine Sammlung beim Publikum, nahm das längst völlig ruhige Kind auf den Arm und dampfte ab. Die Kleine nahm mein Gesicht in ihre weichen Händchen, strahlte mich an und sagte: »Anna lieb!!«

Freitag, 22. Oktober

Anruf von Anna: »Mama, ich bleibe doch dein Kind, auch wenn ich selbst eines habe?«
Klar! So ist der emotionale Vertrag. Und so wurde ich Momi, die Mischung aus Mama und Omi.
Ich werde also Großmutter. Wie fühlt sich das an? Ich weiß es noch nicht genau.
Es ist anders als damals bei der Geburt von Anna. Man ist ja nicht sofort Mutter, man wird es. Zuerst ist man überwältigt, entzückt, beglückt, dann kommen die Momente, in denen man fast distanziert auf das Baby guckt und

denkt: Aha, du bist jetzt also mein Kind. Und dann fühlt man sich ein.
Es dauert nicht lange, dann ist der Bund fürs Leben geschlossen. Sind Mutter und Kind wieder angenabelt.

Über die Bande zwischen Mutter und Kind, über die frühkindlichen Erfahrungen ist viel geforscht, gedeutet, publiziert worden. Ich bin kein Wissenschaftler, nur neugierige Beobachterin. Und liefere deshalb gern eigene Thesen aus der Abteilung »Der kleine Hauspsychologe«. Vielleicht hat also, bei aller »Selbstverwirklichung«, das Muttertier in mir deshalb ein so großes Gehege bezogen, weil bei jeder Geburt etwas war, was große Ängste in mir auslöste. Auch wenn ich das natürlich nie zugab. Auch später nicht, schon um die Kinder nicht zu verunsichern. Meine Angst sollte nicht automatisch die ihre sein. Aber im übertragenen Sinn habe ich stets Seil und Karabinerhaken bei mir.
Um es mit dem Theologen Friedrich Christoph Oetinger zu sagen: »Gib mir die Gelassenheit, Dinge hinzunehmen, die ich nicht ändern kann. Gib mir den Mut, Dinge zu ändern, die ich ändern kann. Und gib mir die Weisheit, das eine vom anderen zu unterscheiden.«

Anna fand es offenbar herrlich im Bauch, wollte partout nicht herauskommen, wurde schließlich geholt, ihre Herztöne mahnten plötzlich zur Eile. Die Sorge war unbegründet, sie war ein kerngesundes, wonniges kleines Mädchen. Nur ich bekam dann plötzlich eine Art Kindbettfieber. Es stand wohl auf Messers Schneide, aber die Medikamente siegten.

Bei der zweiten Tochter machte sich in den letzten Wochen vor der Geburt eine solide Entzündung in meinen Lungen gemütlich; da sieht man dem »Ereignis« dann doch nicht mehr ganz so unbeschwert entgegen. Herrschte im Bauch auch Atemnot? Nini kam auch mit Kaiserschnitt, und wieder kam ein knackiger Wonneproppen heraus. Ich allerdings sah offenbar so desolat aus, dass der Professor bei der Visite am nächsten Morgen anordnete: »Diese Frau bekommt jeden Tag ein Glas Champagner! Da muss Farbe ins Gesicht.« Würde sich heutzutage wahrscheinlich auch keiner mehr trauen.

Für den Jüngsten wurde gleich ein fester Termin ausgemacht. »Bitte kommen Sie morgen um acht Uhr, nüchtern, und bringen Sie Ihr Kind mit.« Das klappte. Jedenfalls das mit dem Kind. Nüchtern auch. Nur pünktlich kann ich leider nie sein. Meine kluge jüngere Schwester hat mich mal vom schlechten Gewissen befreit: »Wenn du noch fünf Minuten Zeit hast, erledigst du noch schnell etwas. Das dauert dann nur manchmal länger als fünf Minuten.« Unangenehm ist es mir gleichwohl.

Auch der Professor witzelte: »Klettverschluss dieses Mal?« Nur der Lütte war sauer. Sehr sauer. Spielte, kaum draußen, das kleine Erpresserspiel: »Ich halt jetzt mal die Luft an.« Fing erst an zu atmen, als er einen Klaps bekam, und wurde deswegen auf die Kinder-Intensivstation zur Beobachtung gebracht, statt zu seiner Mutter. Die lag narkoseschlaff am Tropf und wollte nicht glauben, dass das Kind nur sicherheitshalber beobachtet werden sollte. Nach zwei (!) babylosen Tagen wälzte ich mich aus dem Bett, stützte mich auf das Tropfgestell und machte mich auf die Suche. Wahrscheinlich sah ich mit dem hinten offenen OP-Nachthemd genauso aus wie der Typ, den wir viele Jahre später an einer Kreuzung in Kairo sahen. Direkt vor dem städtischen Krankenhaus mit Tropf, Gips und roter Farbe auf schwerverletzt zu machen, ist eine sehr lukrative Masche der dortigen Bettler.

Die Kinderstation war in einem anderen Haus. Ich war so geistesgegenwärtig, mir doch noch einen Bademantel zu holen. Das kennt man ja aus Filmen: In größter Anspannung denken Helden an jedes Detail.

In der Kinderstation lag mein fröhliches Baby. »Dem geht es bestens«, zwitscherte die Schwester. »Wir wollten nur ganz sichergehen. Ihr Mann ist Anwalt und Sie Journalistin, da geht man doch kein Risiko ein. Haha.«

Wahnsinnig witzig!

Ich hätte natürlich trotzdem gern noch mehr Kinder bekommen. Vielleicht hätte ich bei »Klettverschluss?« doch mit »Ja« antworten sollen. Aber Mutter Natur wollte nicht. Obwohl sie doch strategisch klug ein Erinnerungs-Bermudadreieck für unangenehme Schwangerschaftsbegleiterscheinungen eingerichtet hat, in dem kurz nach der Geburt alles auf Nimmerwiedersehen verschwindet.

Doch wenn in der Gesamtbilanz fünf wunderbare Kinder stehen, darf man eh nicht hadern.

Bei Anna wird alles gut und leicht gehen. Okay, lieber Gott?

Von wegen »junge Großmutter«!

Eine Freundin von Anna ist Psychologin. Sie hat eine Patientin, deren Mutter bei der Geburt erst vierzehn Jahre alt war wie die Mutter der Mutter auch. Großmutter mit achtundzwanzig Jahren! Darum und um das sozialdramatische Leporello dahinter soll es in diesem Buch aber nicht gehen. Sondern um die anderen. Um die Mehrheit.
Gemäß den 2002 veröffentlichten Ergebnissen aus einer Umfrage des Deutschen Instituts für Altersfragen betreut fast jeder fünfte Deutsche im Alter zwischen vierzig und fünfundachtzig Jahren regelmäßig seine Enkelkinder. Auch wenn die Zahlen nicht die frischesten sind: Der Trend hat sich nicht verschlechtert.

Höh? In der Zeitschrift *Myself* lese ich gerade, »dass Großeltern dick machen. Eine Untersuchung von Ärzten und Epidemiologen der Uni London ergab, dass Kinder, die

von ihren Großeltern betreut werden, zu Übergewicht neigen. Schuld daran sind, so die Vermutung, aber nicht Omas Schweinebraten und die selbst gemachten Waffeln, sondern ihr Belohnungssystem: Fürs Aufräumen gibt's einen Keks, und wer schön danke sagt, bekommt eine Handvoll Gummibärchen. Zudem bewegten sich die Kleinen weniger und quengelten dafür öfter, weil sie wissen, dass es für fünf Minuten Klappehalten etwas Süßes gibt.«
Ist das wirklich so? Ich hege da Zweifel. Nicht nur wegen des angeblichen Schweinebratens. Großeltern bestechen ihre Enkel mit anderen Methoden. Arm, Zeit, Nachsicht.

Die Katholische Nachrichten Agentur (KNA) meldet: »Ohne die Großeltern, die sich um ihre Enkelkinder kümmern, könnten viele Väter und Mütter kaum oder nur erschwert einen Beruf ausüben. Wie aus einer Umfrage für das Magazin *Reader's Digest* hervorgeht, kümmern sich 37 Prozent der Großeltern ›mehrmals pro Woche‹ um ihre Enkelkinder. 34 Prozent tun dies ›gelegentlich‹. Unternehmungen nach den Wünschen der Enkel führen die Liste der Dinge an, mit denen Oma und Opa den Nachwuchs verwöhnen. Auf Platz zwei steht die Zubereitung des Lieblingsgerichts, an dritter Stelle folgen Geldzuwendungen und Geschenke. 88 Prozent der Großeltern empfinden den Umgang mit den Enkeln als bereichernd. 37 Prozent räumten allerdings ein, die Betreuung strenge sie manchmal schon an. 22 Prozent der Großväter und

zwölf Prozent der Großmütter erlauben nach eigener Darstellung Dinge, die die Eltern ihren Kindern verbieten würden.«
Na klar. Und Großeltern erlauben auch Dinge, die sie ihren Kindern nicht erlaubt haben. So ist der Deal.

Huch? Höre gerade, dass ich nicht die einzige Momi sein werde. Bekannte kamen auf dieselbe Misch-Idee. Egal, passt zu ihnen wie zu uns. Andere Kinder haben schließlich auch innige Mütter.
Die Kinder von Gwyneth Paltrow nennen ihre Großmutter Blythe Danner »Lalo«. Im Moment jedenfalls, wie die amerikanische Schauspielerin in einer Fernsehshow erzählte. Die Großmutter würde allerdings lieber »Woof« genannt werden, so wie auch ihre E-Mail-Adresse firmiert. In einer Familie, in der der Nachwuchs »Apple« getauft wird, ist es ja auch völlig in Ordnung, wenn die Großmutter einen Titel führt, der in der Übersetzung ebenfalls etwas irre klingt: »Darf ich vorstellen, das sind Apfel und Wuff.«
Nur der Nachsatz von Mrs. Paltrow machte mich wieder einmal stutzig. Ihre Mutter sei »hot« und wolle deswegen nicht Grandma genannt werden.
Noch immer also schließt sich die Schere im Kopf nicht.

»Du wirst Großmutter? Das kann ich mir gar nicht vorstellen, so jung wie du bist!«, höre ich jetzt öfter. Es ist ein

Kompliment, klar, aber es irritiert mich. Die Gleichung Großmutter = alt klingt mir nicht logisch.
Goldie Hawn, eine großartige, sehr humorvolle Frau, im persönlichen Gespräch so witzig wie in vielen ihrer Filme, hat in ihren Memoiren *A Lotus Grows in the Mud* darüber geschrieben: »Der wunderbare Tag kam: Mein Enkelsohn Ryder Russell brach hinein in diese Welt. Ich konnte mich kaum beherrschen. Aber war ich wirklich eine Großmutter? … Ist es doch ein Begriff, der mit so vielen Assoziationen von alt und klapprig verbunden wird.« Ihr Sohn Oliver entschied also, schreibt Mrs. Hawn, dass sie besser »Glam-Ma« genannt werden sollte. Das klingt fast wie Grandma, aber viel glamouröser …
Wenn Sechzig also das neue Vierzig ist, dann müssen Großmütter auch einen neuen Titel bekommen. Das ist nicht nur in den USA und in den zwangsweise Forever-young-Schauspielerkreisen in gesellschaftlicher Mode. Die Babyboomer-Großeltern scheinen sich ganz generell um ihre Jugendlichkeit zu sorgen. »Onkel« und »Tante« wurden schon lange in den meisten Familien abgeschafft, wir sind da auch leger, aber warum sollten unsere Enkel uns zum Beispiel mit Vornamen nennen, nur damit *wir* uns knackig fühlen? Und umgedreht: Wenn Sechzig heute tatsächlich Vierzig ist, brauchen wir uns doch gar nicht zu genieren, wenn ein Knirps laut »Oma!!« jubelt. Oder sind es eben nur gehoffte Vierzig? Dann rettet ein Ersatzname so wenig wie eine zu dick aufgespritzte Lippe.

Frei nach Mario Simmels Bestseller halte ich es daher mit: »Oma ist nur ein Wort.« Wie mit der Liebe im Simmel-Originalzitat geht es doch nur um die Frage, wie wir es leben.
Der Begriff Großmutter steht nicht zwingend für Alter: Dafür gibt es die Urgroßmutter. Großmutter ist zärtlicher, sehnsuchtsvoller aufgeladen als das Image meint. Wir sollten nicht den falschen Gehirnflüsterern lauschen.

Doch leidenschaftlich bekennende Großmütter wie ich müssen zugeben, dass angesichts der fragilen Familienstrukturen heutzutage ein gewisser Einfallsreichtum gefragt ist, da im Laufe eines Kinderlebens oft gleich mehrere tatsächliche wie potenzielle Großeltern auftauchen (und womöglich wieder verschwinden). »Omi oder Opi plus Wohnort oder Straßenname« zwecks Unterscheidung sind lustige Konstruktionen, aber eben nur das: lustig. Lächerlich. Und was ist, wenn man mehrere Wohnsitze hat – Omi-Berlin-Hamburg-Sylt? Die amerikanische Website Grandparents.com bietet Lebenshilfe ebenso wie das Kompendium von Lin Wellford und ihrer Tochter Skye Pifer: *The New Grandparents Name Book, a Lighthearted Guide to Picking the Perfect Grandparent Name* (Art Stone Press).
Über »G-Mom« würde ich allerdings noch einmal nachdenken wollen.

Nö, ich möchte keine junge Großmutter sein. Jedenfalls keine auf jung getrimmte Großmutter. Warum sollte ich? Wem hilft das? Ich wollte auch nie die beste Freundin unserer Kinder sein. Ich bin ihre Mutter. Das ist etwas anderes, ein ganz anderer Halt.

Und ich bin offenbar eh raus. Soziologisch längst in der »zweiten Lebenshälfte« (ab vierzig!) unterwegs und mit über fünfzig für die Werbewirtschaft nicht mehr relevant. In Medienanalysen spielt meine Altersgruppe keine Rolle. Schön blöd natürlich. Weil wir Alten angeblich an alten Konsumgewohnheiten festhalten wie Mücken am Licht. Nur weil ich immer noch verzückt Frigeo Brausepulver kaufe? Und bei Kellergeister an die irre Reklame aus dem vorherigen Jahrhundert denken muss, in der eine Hausfrau im adretten Cocktailkleid schwungvoll einen Kühlschrank öffnete und stolz auf fünf Sektflaschen in der Tür eines sonst völlig leeren Geräts (in Lätta-Zeiten undenkbar!) zeigte? Trinke ich Kellergeister? Nein. Habe ich gerade das neue, erste Waschmittel von Lenor gekauft? Ja. Normen, das kennen wir aus Brüssel, sind halt nicht unbedingt alltagstauglich.

Nach den Prognosen des Statistischen Bundesamtes werden im Jahr 2016 voraussichtlich nur noch fünfundsechzig bis siebzig Millionen Menschen in Deutschland leben, weil die Geburtenrate stetig sinkt. Jeder dritte Deutsche wird dann fünfundsechzig oder älter sein. Die Statistik stammt von 2009, ein neuer Zensus ist in Arbeit. Ich habe noch Hoffnung. Erst kürzlich mussten die veröffentlichten Geburtenzahlen nach oben korrigiert werden.

Aber wie soll man heute denn sein, mit fünfzig plus? Das klingt doch eher nach Kleidergröße als nach Leben! Und die wiederum ist, im Gegensatz zum Leben, nebensächlich. Schöne Grüße von Victor Hugo: »Vierzig Jahre sind das Alter der Jugend, fünfzig die Jugend des Alters.«
Wie also soll man sein zum Beispiel mit vierundfünfzig? So eine Zahl ist glitschig wie nasse Seife. Man wächst ja nicht nur an den Herausforderungen und im Hüftbereich, sondern auch in sein Alter hinein. Man wacht nicht eines Morgens auf und denkt: »Hui! Jetzt bin ich vierundfünfzig und muss gleich mal alle oberarmfreien Kleider aussortieren.« Nein. Man steht eines Tages erschrocken in der Umkleidekabine in der Dessous-Abteilung und fragt das Wesen im Spiegel gegenüber: »Wer sind Sie? Und wer hat Sie hier reingelassen??« Dann zieht man sich etwas über, und alles ist wieder gut. Egal wie alt oder jung, man kann in Umkleidekabinen nicht gut aussehen. Höchstens bei Abercrombie & Fitch, da sind sie fast so mickrig beleuchtet wie der ganze Laden.
Wir sind heute nicht älter als gestern, nur morgen älter als früher. Und wir sind ja immer persönlich anwesend bei dem Prozess, können den Job nicht delegieren – aber immerhin jederzeit reagieren. Man ist nämlich tatsächlich so verlebt, wie man sich fühlt. Nicht wie der Arbeitsmarkt

und der Werbemarkt glauben. Jugendwahn ist so out wie Altersstarrsinn.

Unser Dasein ist auf Balance gebaut, die alten familiären Strukturen – Alt und Jung stabilisieren sich gegenseitig – tragen im übertragenen Sinn auch die Gesellschaft. Wir sollten sie wieder zusammenführen.

Mein Beruf bringt es mit sich, dass ich mit prominenten Menschen Interviews führe. Das ist interessant, manchmal auch desillusionierend, weil die Realität dem gespielten Bild nicht standhält. Zu den positivsten Überraschungen gehörte der inzwischen leider verstorbene Toni Curtis, ein so unterhaltsamer, selbstironischer Mann: »Das Beste an mir sind die Beine. Und nur die sind nicht geliftet.« Und überaus angenehm war auch ein langes Gespräch mit Kevin Costner, der nicht nur Schauspieler, sondern auch leidenschaftlicher Musiker, Umweltaktivist und Vater ist. Manchmal, wenn er lange unterwegs ist und nur per E-Mail mit seinen Kindern kommuniziert, dann weint er beim Tippen ein bisschen vor Sehnsucht. Und schämt sich nicht dafür. Von ihm stammt ein weiterer Satz in meiner Sammlung: »Ich möchte immer die Kraft behalten, für meine Kinder da zu sein.«
Nein, man ist doch nicht von jetzt auf gleich älter oder alt. Mal abgesehen von der eines Tages sehr plötzlichen

Ernüchterung, dass man eine durchtanzte Nacht nicht mehr so ohne Weiteres wegsteckt wie, sagen wir: den Abtanzball.

Obwohl, wenn ich an meinen denke …
Wir gingen selbstverständlich zur Tanzstunde, und ich hatte zufällig auch einen guten Partner, der, obwohl auch erst vierzehn Jahre, viel größer war als ich. Er verliebte sich natürlich in der vorletzten Stunde in ein anderes Mädchen und fragte, ob er vielleicht zum Abtanzball … »Nee, du, kein Problem, klar, versteh ich doch!« Man war ja lässig. Der Ersatzmann, also der bisherige Tanzstundenpartner der neuen Liebe, reichte mir bis zur Schulter und war insgesamt eher öde. Ich musste auch führen.
Ich zog in Erwägung, das neue Kleid für den Abtanzball in einen Gutschein für später umzuwandeln, in der Besetzung reichte das alte Kleid von meiner Schwester doch völlig. Meine Mutter versprach, nicht laut zu lachen, wenn wir auf der Tanzfläche erschienen, und hielt sich daran. Wir lachten hinterher zusammen. Und sowieso wurde alles gut. Mein großer, starker Vater forderte mich auf: »Komm, wir tanzen Walzer linksherum!« Stolper. Schweb …

Er wäre so ein guter Urgroßvater.
Und er wäre bestimmt gern alt geworden mit uns.
Schon deshalb mag ich nie mit dem Älterwerden hadern.

Schlimme Krankheiten lassen wir hier außen vor. Lebenswert ist in dem Zusammenhang ein komplizierter Begriff, den jeder für sich selbst und ganz subjektiv definieren dürfen sollte. Und entsprechende Konsequenzen ziehen. Mit Gunter Sachs verband mich eine kleine Spezialfreundschaft, wie wir es nannten, die mit unserer Faszination für Worte zu tun hatte. Er schrieb im Wortsinn fantastische E-Mails, eben voller Fantasie; wir korrespondierten auf seine Anregung hin als Fische, weil das mein Sternzeichen ist und er neben vielem anderen ein gebildeter Astrologe war. Als er sich erschoss wie schon sein Vater, da brandete die Diskussion auf, ob ein Mensch sich das Leben nehmen darf, nur weil er Demenz fürchtet. Menschen, die ihn gar nicht kannten, moralisierten drauflos. Und manche meinten gar, wenn man so reich ist, dann müsse man den vernebelten Sonnenuntergang des Lebens doch nicht fürchten. Was für ein fernes Argument das war!

Aber sonst? Bin ich mit meinen vierundfünfzig noch so wie mit fünfundvierzig? Vor allem: Interessiert mich das? Nein. Weil die Zahlen nichts aussagen. Nach der Definition der Weltgesundheitsorganisation WHO gilt als alt, wer das fünfundsechzigste Lebensjahr vollendet hat. In Deutschland und auch in Amerika wird von einem »geria-

trischen Patienten« erst ab einem Alter von siebzig Jahren gesprochen. Doch unser Altern verläuft – wie unsere Biografien – ganz individuell.
Selbstverständlich sind wir heute jünger als die Generationen davor. Die Rahmenbedingungen sind schließlich viel gesünder, die Lebenserwartung, zumindest in Jahren gemessen, viel höher. Es macht mehr Sinn, über das biologische Alter zu sinnieren als über das biografische, also das, was sich aus dem Eintrag in unserem Pass ergibt. Weil es, wie in der Mode, nicht mehr nur die eine Option gibt, wie etwas zu sein hat. Frei nach dem Motto: Eine selbstbewusste Frau kann alles tragen. Aber warum sollte sie?
Die Frage ist vielmehr: Welcher Typ ist man, will man sein? Und nicht einmal den muss man für alle Zeiten festlegen. Auch wenn ich mich selbst bestimmt immer eher sportlich kleiden werde als dekoriert. Jil Sander (ob im Original oder als H&M-Variante) statt Valentino, weiße schmale Hosen statt Leopardenprint-Leggins, barfuß in Ballerinas statt Highheels. Doch das Leben ist aus Menschen gemacht, also ist Vielfalt, selbst befremdlicher Geschmack, durchaus in unserem Interesse. Ich finde es ganz toll, wenn andere Frauen üppigen Schmuck tragen, aber ich verzehre mich nicht danach. Ich liebe Uhren, doch am wichtigsten sind mir die Baumwollbänder mit den Kinderfiguren und den Dodos, die ich stets trage.
Nein, nein! Keine Sorge. Das hat nichts mit Bescheidenheit zu tun!

Ich weiß nicht, wie ich aussehen müsste, um wirklich auszusehen wie vierundfünfzig Jahre. Auf dem Gymnasium war ein Mädchen in der Klasse, die sah schon mit zwölf aus wie sechsunddreißig. Wir nannten sie »Miss Quinta«. Ich habe sie viel später noch einmal getroffen: Sie war unverändert.
Andere erkennt man kaum. Der Klassiker: Klassentreffen. Dreißig Jahre Abitur oder ähnliche Krimis. Haben wir Älteren doch alle schon erlebt. Aus dem heimlich Angebeteten mit der Wallemähne ist ein leider frustrierter Hausmann mit schütterem Haar geworden. Die klassenbeste Barbie ist zur übergewichtigen Esoterikerin mutiert. Also, nichts für ungut … Wenn sie wenigstens beim Wiedersehen einen glücklichen Eindruck hinterlassen hätten … Nein, dann schon lieber umgedreht: erst Kassenbrille, dann Tom-Ford-Nerd-Gestell.
Solche Geschichten von Klassentreffen haben sich übrigens als durchaus hilfreich erwiesen, wenn die Kinder mit ihrem aktuellen Schülerschicksal haderten: mit den vermeintlich ungerechten Glanzleistungen anderer im Gegensatz zur eigenen Fünf, mit Bevorzugungen, Liebeskummer, Horrorhaaren … und natürlich mit der Ansage einer gemeinen Mutter, dass man in der dritten Klasse nicht in Seidenstrümpfen, Jeansmini und weißen (!) Cowboystiefeln in die Schule gehen darf, obwohl die Yvette das auch darf. Ganz abgesehen von dem Umstand, dass die tollen weißen Cowboystiefel mit Fransen und Perlen gar nicht erst gekauft wurden. Manno!

Doch zum Ausleben solcher Geschmacksvolten gab es schließlich genug Barbie-Puppen im Haushalt. Oder »Mein kleines Pony« und »Polly Pocket«!
Selbstverständlich will ich gut aussehen. Bitte gern auch sehr gut. Sehr gern auch bis ins hoffentlich hohe Alter wie meine Tante Sigrid. Das ist mir nämlich so etwas von gar nicht egal! Aber eben nicht so jung wie meine Töchter, sondern höchstens so frisch. Keinesfalls möchte ich wirken wie eine Vierundfünfzigjährige, die versucht, auf vierunddreißig geschätzt zu werden. Ich fürchte, das macht erst richtig alt.

Gehirnwissenschaftlich erwiesen, unterliegt die Wahrnehmung der eigenen Optik im Spiegel einer Manipulation. In einem affenartigen Tempo werden nämlich Erwartung und Realität abgeglichen, und den Mittelwert sehen wir dann. Andere Menschen sehen uns anders. So wie ja auch unsere eigene Stimme in unseren Ohren anders klingt als für die anderen. Als Studentin habe ich beim NDR ein Rundfunk-Praktikum gemacht und war ziemlich irritiert. Ich dachte, meine Stimme wäre tiefer. Das Bild, das wir uns von uns selbst machen, ist in vielerlei Hinsicht subjektiv, was sich nicht nur auf Fotos dokumentiert (»Öh, die Haare saßen doch so gut??«), sondern auch ursächlich für Streitklassiker wie: »Du weißt doch gar nicht, wie es mir geht!!« ist. Wir möchten vom Gegenüber als die geliebt werden, für die wir uns halten.

Die Wahrnehmungsmanipulation erklärt wohl auch das Unerklärliche: die Sucht nach absurden Schönheitsoperationen. Man trifft nette, engagierte, attraktive Leute, Frauen vor allem, aber immer häufiger auch Männer, und kann sich gar nicht unbefangen unterhalten, weil man die ganze Zeit a. hinstarren möchte und b. darüber nachdenkt: Wieso? Wieso lassen sich vermögende Frauen das Gesicht dermaßen verhunzen, als hätte es nur für einen Friseur in Rumänien gereicht, der als Zusatzleistung Fettabsaugen und Unterspritzen im Hinterhof anbietet? Wie sagte die gute Dolly Parton zum Thema »Plastic Surgery«: »Wie kann etwas, das so teuer ist, nur so billig aussehen?«

Oder, das neueste Grauen, Permanent-Augenbrauen! Das mag eine Erlösung sein für Frauen, die Chemotherapien erdulden müssen, und darüber sollte man nie abschätzig urteilen. Aber warum muss die Bedienung in meinem Feinkostgeschäft übers Wochenende ihre echten Härchen tauschen gegen rostbraune Linien, die von der Nasenwurzel über die Stirn gebogen bis kurz vor den Haaransatz stürzen? Was sieht sie im Spiegel, was wir nicht sehen wollen?

Von Schlauchbootlippen, Dauergrinsen und Stupsnäschen wollen wir gar nicht erst anfangen. Ich plädiere in diesem Zusammenhang ja für ein Branding, so ein kleines Zeichen an Hals oder Schläfe, ein Doc-Label. Das wäre auch konsequent. In Palm Beach zum Beispiel sehen alle Frauen gleich aus; ich nehme an, sie sind auch alle beim gleichen Arzt. Und da wäre es schon praktisch, wenn man als Außenstehende einen entsprechenden Hinweis fände, verstohlen natürlich, so, wie man ja auch immer auf den Verschluss von Handtaschen guckt, um zu sehen, von wem die wohl ist. Und ob es sich um eine echte Kelly Bag von Hermès handelt oder um das Plagiat vom Strand des Cala di Volpe auf Sardinien. Was besonders peinlich ist, weil schon eine Nacht im alten Aga-Khan-Hotel dort ungefähr so viel kostet wie eine Originaltasche.

Nadja Auermann erzählte mal die Episode aus einer New Yorker Damentoilette, wo eine Frau sie am Gemeinschaftswaschtisch fasziniert musterte und ausrief: »Oh my god! Wo haben Sie diese Nase her??« Und dann beleidigt abzog, als das Model erklärte, die wäre von der Natur mitgeliefert worden. Die Frau war nicht etwa neidisch. Sie dachte bloß, Nadja wollte die Adresse nicht rausrücken.

An dieser Stelle sei also aus einem Gespräch zitiert, das ich mit Wolfgang Joop zum Thema »Ein wenig Ordnung im Gesicht ist o.k.« geführt habe:

Schönheit ist: Wenn man wie ich im hohen Alter eine Spange ins Maul schiebt, damit die Kiefergelenke geschont werden ... Vor allem aber bedarf sie der Verabredung von innerer und äußerer Schönheit. Die sich trifft mit den Idealen oder der

Mode. Sich verabredet mit der Gesellschaft, mit den Nachbarn, den Freunden, den Liebsten und sehr stark und subkutan natürlich mit den Medien. Die Dauergrüße, die einem inzwischen von dort entgegenschallen, müssen erst einmal verarbeitet und sortiert werden. Wir haben uns an ein sehr manipuliertes Bild gewöhnt.

In den Sechzigerjahren waren dunkelbraune Haut und Penatenlippen angesagt. Heute haben wir ganz andere Informationen über die schädlichen Auswirkungen von zu viel Sonne und empfinden braun gebrannt als ungesund, fühlen uns eher zu vornehmer Blässe hingezogen. Auch wenn ich selbst immer noch sehr gern in der Sonne sitze ...

Gerade weil die Zugänglichkeit zu Informationen und auch zu aller Schamlosigkeit und Penetranz so einfach geworden ist, spielt Bildung beim Schönheitsempfinden eine wesentliche Rolle. Je gebildeter, desto ausgeprägter ist die Neigung zu Natürlichkeit, Harmonie, Anmut, Grazie. Je weniger der Bildungskanon geprobt wurde, desto attraktiver offenbart sich die Betonung sekundärer Geschlechtsteile. Prollig meets prekär. Und das muss jetzt gar nicht gleich als Boshaftigkeit beklagt werden.

Wie erfrischend war der Auftritt der Sängerin Lena bei ihrem ersten Grand Prix mit ihrem schmalen schwarzen Kleid, den glänzenden Haaren und dem verschmitzten Blick! Gegen sie hatten die aufgedonnerten Konkurrentinnen doch plötzlich etwas von alten Karosserien. Der Brigitte-Bardot-Effekt: Als die mit ihren flachen Ballerinas, Ringelpulli, Schmollmund und, Achtung!, unordentlichen Haaren in St. Tropez auftauchte,

wirkte die durchgestylte Sophia Loren dagegen wie ein ausrangierter Cadillac. Es ist eben ganz schön krass, was da heute öffentlich nebeneinander liegt.
Wes Geistes Kind sind wir? Je mehr sich das Physische aufdrängt, desto wichtiger sind schöne Gedanken. Ich halte viel von dem Satz, den Vivienne Westwood einmal einer Frau mitgab, die danach fragte, in welchem Stil sie sich wohl am besten kleiden sollte. Westwood antwortete nur: »Bildung steht Ihnen am besten!«
Die Welt ist nicht so dumm, wie sie uns präsentiert wird.
Die falsche Dekoration macht das Manko sichtbar.
Lange blonde Haare mit Extensions zu braunen Augen wie Michelle Hunziker. Das geht einfach gar nicht.
Und wenn ich nur an diese Nägel vom Meter in French Manicure denke, diese viereckigen Schippen! Dazu die beschwörende Gestik, die so Mode geworden ist. Früher hatte man die Hände im Schoß, heute fliegen den »If-you-know,-what-I-mean«-Frauen ständig die mächtigen Nägel um die Ohren oder schrammen an ihren dicken Mündern vorbei.
In einer Reportage über die Hamptons fragte die Moderatorin eine Frau mit Ostküsten-Falten und naturblondem, etwas längerem Haar, was sie denn so von den aufgeplusterten Besuchern halte, und die Frau antwortet leicht nasal: »Sehr unangenehm! Wissen Sie, mein Großvater hat die Eisenbahn in Amerika gebaut ... Man sieht sofort an den Fingernägeln, wer hier nicht hingehört. Girls like us do the gardening!« Sie schneiden die Rosen auf dem Anwesen selbst. Zur Kontemplation und als eine Frage des Stils.

Es ist aber auch nicht leicht, die Orientierung zu behalten in unserer tabulosen Welt, in der die Schönheitschirurgie und Kosmetikindustrie boomen und alles verheißen. Der Glaube daran, dass eine OP das Leben zum Guten verändert, ist so groß wie trügerisch. Was für Jacketkronen blecken einem überall entgegen! Und was für Ahnungslosigkeit.

Gerade gab es folgende Szene in einer Talkshow zu beobachten: Hellmuth Karasek stellte sein Buch *Alter Sack, was nun* vor und erklärte: »Ich bin aus dem Rennen.« Richtig!, wollte man schon dazwischenrufen, als er völlig zu Recht daran erinnerte, dass es ja auch eine politisch gewollte Schönheit gibt. Kein Deo und die Beine nicht rasieren, das gehörte lange zum Emanzipations-Selbstverständnis der linken Frauen.

Es erinnerte mich an eine Talkshow-Erfahrung mit Jutta Ditfurth zu Joop!-Duft-Zeiten. Sie blökte mich an: »Ich rieche gern unangenehm unterm Arm, Hauptsache, nicht nach Ihnen!«

Aber tatsächlich sieht man nun immer häufiger Frauen um die vierzig und denkt: »Was hat man Ihnen denn angetan?« Die kosmetischen Operationen hinterlassen ungeahnte Spuren: Die Lippen von 1998 passen nicht zur Nase von 2003, und die sieht auch schon wieder falsch aus. All die Manipulationen unterliegen einem Verfallsdatum, die unterschiedlichen Eingriffe aus verschiedenen Zeiten können gar nicht harmonisch sein. So gesehen wirkt eine in einem Rutsch komplett umgebaute Frau zwar erschreckend, aber als artifizielles Statement immerhin harmonisch.

Ein bisschen Ordnung ins Gesicht und den Körper zu bringen ist schon in Ordnung. Nur, es muss eben gekonnt und behutsam gemacht werden. Und es muss der Frage folgen: Wie liebe ich mich – und wen oder was in und an mir? Und wer liebt mich? Es steckt doch ein ordentliches Maß an Verachtung darin, wenn ein Typ seiner Freundin als Erstes ein paar neue Brüste schenkt. Und dann bei der Trennung womöglich, wie schon gehört, die Implantate zurückfordert!

Man muss lernen, gut mit sich umzugehen. Man muss auch lernen, gelegentlich eine Pause zu machen und wieder aufzutanken. Wir haben ja nur eine Idee von uns. Eigentlich sehen wir uns in der Reflexion des Anderen. Im Spiegel sind wir falsch herum. Doch wer Lust hat, die Lider machen zu lassen, die Mundwinkel wieder hochzuholen, warum denn nicht? Dabei gilt es, nicht einem Trend zu folgen. Seit der Antike sind wir darauf gepolt, die harmonische Erscheinung schön zu finden. Harmonie galt aber auch für lange Nase und den Dutt von Angelica Houston. Oder Meryl Streep mit ihrer Mimikkunst, die wir uns gebotoxt gar nicht vorstellen mögen.

So wie man immer wieder mal seinen Kleiderschrank aufräumen sollte, so muss man eben auch mit sich persönlich in den verschiedenen Lebensphasen kritisch ins Gericht gehen: Was muss weg und was muss ran? Muss ja nicht immer eine Operation sein.

Die Glücksforschung ist zu dem erstaunlichen Ergebnis gekommen, dass die Freude über eine gelungene Schönheitsoperation am längsten währt. Wer eine Million gewinnt, ist eine Woche lang glücklich, fünf Jahre aber der, der etwas an seinem Äußeren geändert hat, was ihn immer schon gestört hat. Das Gift muss raus. In jeder Hinsicht, aber auch in körperlicher.

Kein Vertun also, ich habe nichts gegen Korrekturen. Bevor sich die Partie zwischen Ohr und Kinnspitze, die sich seit einiger Zeit einbildet, einem Puter zu gehören, zu den »Hängenden Kinns der Inga Griese« ausgewachsen hat, lass ich die schneller roden, als zu Thanksgiving geschlachtet wird. Und ich habe mir auch schon mal Hyaluronsäure spritzen lassen. Gegen die scharfe Verlängerung der Mundwinkel. War beeindruckend. Allerdings nicht wiederholbar, ich esse nämlich leider Salat wie ein Schaufelbagger, und die Schaufel ließ sich plötzlich nicht mehr richtig weit aufklappen.

Ja, sicher, Sie haben vollkommen recht, das war ein doppelter Gewinn: mildere Falte und vornehmere Esskultur. Die Antwort leihe ich mir von den Kindern, die mich, wenn ich mal wieder gequält ob der Tischmanieren seufzte, beruhigten: »Mama, bei anderen Leuten können wir sie doch!« Das soll natürlich nicht heißen, dass es bei uns zugeht wie bei Grieses unterm Tisch. Es sei denn, es gibt Salat …

Alles Minimal-Invasive aber ist interessant, okay, reizvoll. Was ich nur nicht will: So aussehen, als würde mich das Älterwerden fertigmachen. Ich möchte so aussehen, als könnten mein Körper und ich gut damit umgehen.

Es gibt Tage, da wird jede Illusion zerstört, ist die Haut längst in Rente. Manchmal knittert es morgens im V-Ausschnitt, als hätte ich nachts Hals und Schlüsselbein zum Plissieren gegeben. Blödes Licht! Was sonst? Und dann sind da die anderen Tage, und erst die Abende bei Kerzenlicht, ja, da bin ich richtig knackig, ha! Da ist alles glatt, und nur das Kinn macht es sich in seiner überflüssigen Haut bequem. Meine Stirn sieht dafür stets aus, als würde sie regelmäßig Botox schlucken, dabei hat sie das noch nie. Manchmal habe ich Ränder unter den Augen, als wäre ich Horst Tapperts Double. Und dann sind sie plötzlich wieder weg. Natürlich immer dann, wenn man frei oder zumindest keine besonderen Termine hat.

Leider gehöre ich auch nicht zu den Frauen, die Badezimmersessions genießen, trage meist Haare statt Frisur. Udo Walz in Berlin und Matthias auf Sylt sind wirklich gute Coiffeure. Wenn man hingeht. Nicht, dass ich schlampig wäre, keine Sorge. Ich räume sogar Schränke von innen auf. Aber mir fehlt die Geduld. Wenigstens sind die Nägel jetzt öfter in Ordnung. Es hat optische Vorteile, wenn der Termin »Vom Hockeytraining abholen« durch »Maniküre« ersetzt werden kann.

Glücklicherweise ist die genetische Basisausstattung hochwertig ausgefallen. Meine Haut verzeiht bis auf Mückenstiche (aus denen sie für immer Elefantenhaut macht) eigentlich alles. Sie nimmt anstandslos schnell Farbe auf, was man in einem eiligen Leben gar nicht hoch genug einschätzen kann. Man sieht doch lieber nach zu viel als zu wenig Urlaub aus, egal wie es wirklich ist. Freundlicherweise gehörten auch lange, gerade Beine und lange, dünne Arme mit zum Paket. Das ist irre hilfreich für die Silhouette und macht automatisch schlank, egal was sonst an-

bzw. aufliegt. Ein werksmäßig eingebauter Flummi sorgt dafür, dass ich aufspringe, ohne darüber nachzudenken, schnell in die Küche, sonstwohin oder die Treppen hinauflaufe, um etwas zu holen, gern dabei die Hälfte vergesse, um noch mal hochzurasen. Und wieder runter (auch wenn es nach dem letzten Knie-MRT aus einer Röntgenärztin herausbrach: »Das ist ja ekelhaft!«).
Eine Spülmaschine räume ich aus, *während* ich entscheide, ob ich Lust darauf habe. Bis das durchdiskutiert ist, ist sie leer. Langsam ist für mich anstrengender als schnell. Als Kind musste ich nämlich mindestens tausend Meter zum Schulbus hinter den langen Beinen meiner Schwester herrasen. Da liegt wahrscheinlich, oder besser keucht, die Ursache für den flotten Schritt. Seitdem bin ich konditioniert.
Jeder hat eben seinen Rhythmus.
Auch damit kann man sich anfreunden.

Kürzlich haben wir die Hochzeit meines Neffen gefeiert. Ein schönes, Generationen übergreifendes Familienfest. Früher wären die Tanten in meinem Alter die alten Tanten gewesen, hätten in gedeckter Eleganz und mit adrett gelegter Frisur dem Jungvolk wohlwollend beim Feiern zugesehen und sich zeitig zurückgezogen. Frauen, die so ausgelassen in schicken Kleidern mit den jungen Leuten tanzten wie meine Schwestern und ich, wären wohl eher schmallippig als »Na, das ist die exzentrische Soundso, die muss es ja wissen« abgeurteilt worden.

Wir wollten gar nicht jung wirken. Wir waren wir selbst, hatten gute Laune und Kondition. Und das galt für die Männer übrigens ebenso. Ich will nicht tanzen wie ein junger Gott oder wie eine Zwanzigjährige. Ich lasse die Musik führen, bin froh, dass die Etikette das heute zulässt.
Und gibt es was Schöneres, als wenn die eigenen Jungs freiwillig sagen: Darf ich bitten?

Klar (hehe!) habe ich das früh vorbereitet: mit ihnen als Teenager die Rock'n'Roll-Figuren, die wir *Friesenrock* nennen, die aber in der Tanzstunde selten aufs Parkett kommen, in der Küche und auf unverfänglichen Familienfesten geübt. Weil man damit immer und überall punkten kann. Nicht nur Mütter mögen schließlich Männer, die gut tanzen können.

Fazit: Spätestens mit fünfzig sollte man Frieden schließen mit sich selbst. Denn, ehrlich: Eine großartige Zeit beginnt!

Dienstag, 26. Oktober

Nackenfelluntersuchung! Und 3D-Film vom heranwachsenden Baby. Es lächelt und hat Annas Nase. Was doch heutzutage alles möglich ist! Meine Kinder waren noch Schneegestöber im Ultraschall. Der Arzt sagte begeistert: »Sehen Sie, der Herzschlag!« Ich sah natürlich gar nichts, antwortete selbstverständlich: »Toll!«, habe dann zu Hause lange auf den Polaroid-Auszug gestarrt und schließlich einen Alien entdeckt. Die Aufnahme von Annas Baby hingegen könnten wir glatt für die Weihnachtskarte verwenden. In jedem Fall: alles gut, alles dran. Und zu siebzig Prozent ein Mädchen. Der Vater hofft noch auf die fehlenden dreißig Prozent …

Samstag, 30. Oktober

Im *Zeit-Magazin* (schaffe es erst heute, es zu lesen) ist ein Interview mit der Anthropologin Sarah Hrdy abgedruckt. Darin erklärt die amerikanische Wissenschaftlerin unter anderem, warum sich nicht alle Frauen Kinder wünschen und wie mütterlich Mütter wirklich sind. Sie selbst ist Mutter von einem Sohn und zwei Töchtern, zog sich aus der erfolgreichen Universitätskarriere mit fünfzig Jahren zurück, weil sie meinte, Forschung und Familie nicht angemessen gerecht zu werden. Aufgehört zu forschen, Vorträge zu halten und zu schreiben hat sie gleichwohl nicht. Sie ist kurz vor dem Rentenalter und ein ziemlich cooler Typ. Ich bin schon lange eine Sätze-Sammlerin, und aus der Serie »Stefan Kleins Wissenschaftsgespräche« habe ich folgende Passage des Interviews mit Sarah Hrdy aufbewahrt:

Mutter Natur, meine Metapher für die Evolution, hat uns keinen Kinderwunsch eingepflanzt. Sie schuf uns so, dass wir genug Nahrung und Fett für den Eisprung bekommen, Sex haben und dadurch von selbst Kinder bekommen. Und sie legte Primaten darauf an, andere zu kontrollieren und nach Status zu streben, weil das die eigenen Fortpflanzungschancen verbessert. Wenn wir heute die Wahl haben, entscheiden wir uns daher natürlicherweise für den Statusgewinn – und versuchen als Frauen, die erste Geburt so weit wie möglich hinauszuschieben.

Oder ganz zu verhindern.

Seit es die Pille gibt, können die Frauen mit den Eierstöcken abstimmen, wenn ihre Umgebung sie nicht genug unterstützt. Dann bekommen sie eben keine Kinder.

Was ein enormer Fortschritt ist: Früher haben Frauen, die sich nicht anders zu helfen wussten, ihre Kinder ausgesetzt.

Solches Verhalten war viel häufiger, als die Geschichtsschreibung zugeben will. In der Toskana etwa wurden zwischen 1500 und 1700 mindestens zwölf Prozent aller Kinder in Waisenhäusern abgegeben. Allein das größte Waisenhaus in Florenz nahm bis zu 5000 Kinder im Jahr auf. Und die Frauen kannten die Aussichten eines Findelkinds genau: In Sizilien etwa überlebten noch im 19. Jahrhundert ganze 20 Prozent der ausgesetzten Babys. Bürger der norditalienischen Stadt Brescia schlugen vor, man möge über den Toren des Waisenhauses eingravieren: »Hier werden Kinder auf Kosten der Öffentlichkeit getötet.«

...

Wer Ihnen zuhört, bekommt den Eindruck, Sie sähen in menschlicher Mutterliebe nichts als einen kitschigen Mythos.

Die Idee der unbedingten Bindung einer Mutter an ihr Kind ist ein Mythos. Bei Affen gibt es eine solche instinktive Hingabe, unser Verhalten ist viel flexibler. Innerhalb von 72 Stunden nach der Geburt kann sich die Menschenmutter ihres Kindes ohne hohe emotionale Kosten entledigen. Viele Kulturen nehmen darauf Rücksicht, indem sie es der Mutter erlauben, anfangs gegenüber ihrem Kind indifferent zu sein. Starke Gefühle entwickelt die Frau meist erst in den Tagen und Wochen danach. Sie gewöhnt sich allmählich an ihr Baby, wird buchstäblich süchtig nach seinem Aussehen und Geruch. Wie Hirnaktivitätsmessungen zeigen, regt der bloße Anblick von Babygesichtern im Kopf von Müttern das sogenannte Belohnungssystem an.

...

Haben Ihre Kinder Sie glücklich gemacht?

Im Moment geht es ihnen gut, also ja. Aber ist Ihnen schon aufgefallen, dass eine Mutter nur so glücklich sein kann wie ihr unglücklichstes Kind?

Ich habe es gern, wenn von wissenschaftlicher Seite Dinge bestätigt werden, die ich mit den Methoden der Intuition erfasse. Ich lese jetzt auch mehr über Kinder, Pädagogik, Frauen und Familienverhältnisse als früher. Damals hatte ich wenig Zeit und auch keine Lust. Erziehungsbücher waren mir suspekt. Einige Ausgaben *Eltern* hatten mir gereicht, und unvergessen war eine Lehrfilmserie im Fernsehen noch zu Teenagerzeiten. Ein kleiner Junge pampte in seinem Hochstuhl mit dem Essen. Eine knarzende Stimme drohte aus dem Off: »Wenn IHR Kind mit einem Jahr NOCH KEINE ZÄHNE HAT, dann sollten Sie UNBEDINGT mit dem ARZT darüber sprechen!!« Das in etwa war der Tenor der gesamten Serie. Einer meiner Neffen hat erst mit ungefähr zwei gezahnt. Dafür hat er bis heute (als promovierter Jurist) keine einzige Plombe im Mund …

Meine Abneigung pädagogischem Unterrichtsmaterial gegenüber hatte Gründe. Zum einen studierten die meisten meiner Kommilitonen an der Universität auf Lehramt, und ich war mir oft nicht sicher, ob ich sie wirklich eines Tages

als Lehrer meiner Kinder wiedersehen wollte. Es waren radikale Zeiten, das gefiel mir nicht. Ich wollte nicht den Professor duzen und auch nicht in Brokdorf gegen Atomkraft demonstrieren, wollte nirgends durchmarschieren und nicht streiken. Ich wollte lernen, fertig werden und fand es nicht cool, alle Werte über Bord zu schmeißen. Ich war ja ein Familientier. »Eine für alle, alle für eine« war mein »politisches« Ziel. Nicht »Jeder für sich«.
Und: Ich wollte immer Kinder haben. Instinktiv, nicht überlegt. Gern viele, so wie wir es waren. Ich hatte keine Angst davor, spürte keine Unsicherheit, im Gegenteil.
Ich hatte Erfahrung als phasenweise alleinerziehende Schwester und glaubte und glaube an die Zukunft. Unsere Eltern hatten es auch getan. Und sie hatten viel mehr Grund zu Ängsten als wir. Nicht jedes Kind war früher ein Unfall, bloß weil es die Pille noch nicht gab.

Kinder gehören zum Leben dazu, sie sind etwas Selbstverständliches. Natürlich muss und kann nicht jeder welche bekommen. Aber niemals sind sie ein durchorganisiertes und durchfinanziertes »Projekt«, sondern vor allem sind sie unsere Wurzeln, unsere Gegenwart, unsere Erinnerung.

Ich wollte die Kinder nach meinen eigenen Erfahrungen erziehen. Hatte lange bevor ich selbst Mutter wurde diese Erfahrungen sortiert. Die guten ins Töpfchen, die schlechten ins Kröpfchen, wo sie mit der Zeit verdaut werden konnten. Ich wollte mich nicht von vermeintlichen Experten verwirren lassen, sondern meinem Bauchgefühl vertrauen. Das ist nicht überheblich gemeint. Ich glaube ganz und gar nicht, dass ich alles richtig mache. Ich glaube aber auch nicht, dass andere Leute es unbedingt richtiger machen. Pädagogisch-theoretisch schon gar nicht.

Antiautoritäre Erziehung war mir ein Gräuel, ich fand sie gemein, rückwärtsgewandt wie ins Mittelalter, als man auch dachte, Kinder wären fertige, eben nur kleinere Erwachsene. Ich fand das egoistisch. Denn Erziehung in meinem Verständnis bedeutet nicht, Kinder in eine Norm zu pressen und sie reibungslos funktionstüchtig zu drillen oder gar, sich nicht weiter zu kümmern. Vielmehr bedarf es eines Ganges, links und rechts sind die Prinzipienwände, darin kann man schnell geradeaus laufen, tanzen, toben, torkeln, Päuschen machen, die Wände ansägen, Fenster reinbauen. Aber ohne Wand verlieren sich die Kinder wie Sterne am Sommerhimmel, wie News-Junkies im Internet. Es ist nicht fies zu sagen: »Bis hierhin und nicht weiter.« Es ist anstrengend. So wie man nicht die ganze Packung Kartoffelpüree auf den Teller klatscht, nach dem Motto: »Iss, was du willst, den Rest schmeißen wir weg«, sondern Portionen verteilt, so funktioniert auch Erziehung. Zumal man bei jedem Kind erst sehen muss, wie viel Püree es verträgt. Oder ob es nicht doch besser Pellkartoffeln sein sollten.

Als ich meine Kinder bekam, hatte ich also quasi einen großen Beutel voll Proviant dabei und machte mich auf einen Weg, den ich noch nicht kannte.

Sonntag, 14. November – Noch mal unsere Mutter

Beim Aufräumen fällt mir ein Umschlag mit der Handschrift unserer Mutter in die Hände. Sie hatte einen sehr schönen, eleganten, gleichmäßigen Schwung. Ich bin berührt und halte inne. Seelenauszeit. Zu meinen Ängsten gehört der Verlust von Fotoalben und Mappen, die ich angelegt habe: mit Briefen, Einladungen, Weihnachtskarten, Geburtsanzeigen, Hochzeitskarten, mit ersten Löckchen, Muttertags-Œuvres, kindlichen Liebeserklärungen … das große Emotionsarchiv halt. Eines ruhigen Tages werde ich es auch mit den Enkeln durchgehen. Selbst die großen Kinder ziehen sich manchmal die Fotoalben aus dem Regal und tauchen ab. Und haben längst eigene angelegt. Allerdings digital. Schlechter ist das nicht. Nur anders. Wie vieles. Hauptsache, das Prinzip trägt sich fort.
Was würde unsere Mutter wohl sagen, wenn sie noch lebte? Sie würde sich bestimmt freuen über das Baby, den neuen Zweig am Familienbaum. Aber Urgroßmutter? Sie wollte schon nie Omi sein. Die Kinder nannten sie Tina wie wir auch.

Das war nicht ihr Name, sondern ursprünglich eine Spielerei. Unser jüngster Bruder konnte den Namen seines großen Bruders nicht gut aussprechen. Er sprach eh spät, und was er sagte, ergab keinen Sinn. Unsere Mutter dachte schon: »Nun, beim Fünften ist eben auch mal Schluss …« Dass er später einmal als Jurist großartige, besonders sprachgewandte Plädoyers halten würde, war damals nicht abzusehen. Der Schlaui war Harmen, der Große, und musste deswegen regelmäßig Lateinvokabeln im Wohnzimmer herunterbeten. Der Kleine als heimlicher Zuhörer im Laufstall schloss daraus messerscharf, dass der Bruder »Minus« heißt und nannte ihn auch so. Unsere Mutter war amüsiert und spornte den Kleinen an, unseren Vater »Tinus« zu nennen. Nun, von dort war es in einer dem humanistischen Bildungsideal verpflichteten Familie natürlich nicht weit bis zu »Tina«. Klang auch lässiger als Mutti.

Denn so eine »Muddi« war unsere Mutter ja eh nie. Kittel trug sie nur im Atelier. Es blieb dabei, nur unser großer Bruder bekam seinen richtigen Namen zurück. Alle sagten Tina, auch die Enkel. Sehr praktisch für unsere Mutter. Sie haderte mit allem, was an Alterserscheinungen erinnern könnte, schaffte es sogar, im Ausweis zwei Jahre jünger zu sein. Sie liebte ihre Enkelkinder, aber sie wollte nicht Großmutter sein.

Wer hier jetzt gerade wieder Freud heranschlurfen hört: Ja, meine umgedrehte Begeisterung hat bestimmt mit ihrer ablehnenden Haltung zu tun. Sah ich doch, wie das Korsett, in das sie sich zu zwängen gelernt hatte, ihr im

Alter eigentlich zu eng wurde, sie sich aber nie traute, es abzulegen.

Dieses Korsett prägte auch unser Verhältnis. Eine gewisse Distanz blieb. »Knutschi!!«, wie wir Mutter-Töchter immer noch grinsend unter Nachrichten schreiben, hat es bei ihr nicht gegeben. Unser Verhältnis war nicht zärtlich. Lieblos war das nicht, eben nur nicht gelernt. Ich verdanke ihr viel, genetisch und in der Erziehung, sie hat uns gefordert und gefördert. Seit ich zwölf war, schickte sie mich jeden Sommer nach England zum Sprachenlernen. »Bildung ist der Schlüssel zum Ballsaal«, war ihr Credo. Einmal kam ich mit sehr vielen Scones und Clotted Cream auf den Hüften zurück nach Sylt, um dort wie immer den Rest der Ferien zu verbringen. Eilte freudig gleich an den Strand, um die Sippe zu treffen, und prallte direkt gegen das Entsetzen unserer Mutter, die nicht fassen konnte, dass das dicke Mädchen ihre Tochter sei. Statt »Achwieschöndassduwiederdabist« vernahm ich zunächst ein »Kannstdudirbittemehrüberziehenistjapeinlich«. Keine vier Wochen später hatte ich die zwanzig Kilo wieder abgenommen. Auf Linie zu bleiben hatte bei uns mit Haltung zu tun.
Doch sonst hatte unsere Mutter einen großartigen Humor. Von ihr haben wir die Zwischentöne gelernt, das Vergnügen zu lachen, die Rettung, die Lachen auch sein kann. Sie konnte Homer und Eichendorff und all die anderen zitieren, korrigierte gnadenlos jeden Sprachschnitzer,

hatte sehr viel Esprit, Disziplin, Kultur, war eine elegante, schöne Frau. Das hat uns ohne Zweifel geprägt. Ihr Leben war phasenweise sehr verwöhnt, aber deswegen nicht auch gleich einfach. Sie hat viele Kompromisse gemacht, Träume umgelenkt wie so viele ihrer Generation. Die ich weit mehr als meine eigene für ihre Leistung bewundere. Wir haben keinen Krieg erlebt, keinen Hunger, keine Trümmer. Die Generation unserer Eltern konnte sich nicht selbst verwirklichen in einem Klima gesellschaftlicher Toleranz. Sie hat ihre Seelen oft genug hinter hohen Mauern in Sicherheit bringen müssen. Dass viele von ihnen vergaßen, dort ein Türchen einzubauen, sorgte natürlich für Verletzungen bei ihren Kindern. Aber sollen wir uns wirklich beklagen? Nein. Nur lernen.

Wir sind doch die, die es viel besser haben. Selbst wenn wir die berühmten »Beine unter dem Tisch« des Elternhauses ließen, konnten wir doch dumpfer Autorität entfliehen. Die Zäune niederreißen. Taten es allerdings zu oft nur, um neue zu bestellen. Und manchmal frage ich mich, warum gerade meine Generation, die nur das letzte Stück vom Tunnel graben musste, so wenig Durchhaltevermögen vorlebt. So oft von den eigenen Ansprüchen erschöpft ist. Wir haben in den vergangenen Jahrzehnten die persönlichen Erwartungen gleichermaßen hochgeschraubt wie die Erwartungen an Wirtschaftswachstum und Politik. Und auch wir Medienleute haben die Grenzen gedankenlos überschritten. Ich hoffe, es wird eine Zeit kommen, in der wir vom Aufräumen erschöpft sind.

Und ich empfehle das Buch *The Age of Less* von David Bosshart. Darin schreibt er:

Wir lernen langsam, was es heißt, in einer immer vernetzteren Welt zu leben, in der die gegenseitigen Abhängigkeiten kontinuierlich zunehmen. Wir können uns nicht mehr entziehen. Wir sind alle Teil der gleichen Welt. Abhauen auf eine einsame Insel ist keine Option mehr, und sei es nur eine Steuerinsel. Wir müssen das Verhältnis zu uns selbst neu definieren. Das Ich existiert in der vernetzten Welt nur noch in Bezug auf ein Wir, und das Wir ist vorgelagert. Anders gesagt: In einer vernetzten Welt schlägt die Tat sozusagen unmittelbar auf den Täter zurück, wie es sinngemäß Peter Sloterdijk formulierte. Das gilt für den Egoismus von Nationen wie für den Egoismus von Individuen oder Organisationen, die vergessen wollen, dass sie in einen Kontext eingebettet sind ... Im Mai 2000 prägte Peter Wippermann auf dem deutschen Trendtag den Begriff »Ich-AG«; er passte in die narzisstische Zeit der New Economy hervorragend und beeinflusste in den folgenden Jahren auch die deutsche Politik. Im Age of Less ergibt er keinen Sinn mehr.

In einer Familie ergab die Ich-AG noch nie einen Sinn. Höchstens in dem Zusammenhang, dass bei vielen Kindern jedes auch mal individuell gesehen wird. Soll heißen, eine Extraportion Aufmerksamkeit bekommt. Ein »Nur wir beide«. Mein Mann hat damals Anna, unsere Große, gefragt, ob sie einverstanden sei, wenn wir heiraten. Hielt quasi bei ihr um meine Hand an. Sie war damals noch keine zehn Jahre alt, aber es war richtig.

Less, also weniger, bedeutet gleichwohl nicht, sich weniger zu kümmern. Nur bitte mit weniger Anspannung. Ein bisschen weniger Wind um alles wird uns guttun wie der Nordseeküste nach einem harten Winter.

Mit neunundvierzig Jahren musste unsere Mutter ganz plötzlich beide Eltern für fünf Kinder sein. Und auch Ehepaar. Eine enorme Herausforderung. Sie war, bei aller Bildung und aller Selbstständigkeit, die Krieg und Nachkriegszeit gefordert und geformt hatten, dazu erzogen worden, Ehefrau zu sein. Mit einem starken Mann an ihrer Seite. Das war unser Vater gar nicht immer, aber auch er war natürlich darauf konditioniert worden.
Kurz nachdem er – nach drei Generationen im Familienbesitz – die Spirituosenfirma an Mr. Bronfman von Seagram's verkauft hatte, war ich zufällig mit ihm allein. Wir saßen, ich weiß gar nicht mehr, warum, aber die Szene erinnere ich genau, wir saßen also nebeneinander auf dem beigefarbenen Sofa in jenem Wohnzimmer, von dem unser

Vater immer geträumt und dass er sich schließlich erarbeitet hatte. Eine Straße hinter der, in der sein Elternhaus in Kiel stand, hatte er Ende der Sechzigerjahre das Grundstück direkt an der Förde bekommen, dort bauten unsere Eltern dann ein schickes Nest mit Aussicht über den Leuchtturm hinweg bis zum Horizont. Aber an jenem frühen Abend saßen wir nicht auf dem großen Sofa, von dem man aufs Wasser blickte, sondern auf dem kleinen, Richtung Bücherwand und Fernseher. Der war aus. Überhaupt war alles irgendwie aus. Ungewöhnlich still. An diesem Tag hatte unser Vater der Belegschaft von den Veränderungen erzählt: dass er weiterhin Geschäftsführer sein würde und sie auf ihn zählen konnten, dass sich aber die Besitzverhältnisse geändert hätten. Es gab keinen Aufruhr deswegen, nur Wehmut. Und gerade deswegen litt unser Vater. Er saß neben mir und weinte. Mein großer, starker, lieber Tinus. Und ich konnte ihn nicht trösten. Ich war zu klein.

Narben bleiben. Doch wenn man älter wird, lernt man, sie zu akzeptieren. Ihnen wie den Falten zuzuhören.

Ich möchte deshalb keine Großmutter mit glattgezogenem Gesicht sein. Ich möchte erzählen können. Und ich bin dankbar, dass mir das leichter fällt als unserer Mutter.

Schon bevor ich selbst Mutter wurde, habe ich also angefangen zu sortieren. Fragen zwischen uns sind offen geblieben. Wir waren uns trotzdem nah. Ich wollte nur nie Fehler weitergeben, die ich nicht verzeihen mochte. Geheimnisse, zum Beispiel, als Bumerang benutzen. Niemals habe ich etwas, was die Kinder mir anvertrauten, gegen sie verwendet. Das erschien mir selbst als der größte Verrat.

Dass unsere Mutter nicht kuschelig war, hat mich hingegen nicht nachhaltig irritiert. Weil wir unseren Vater hatten und später die Erinnerung an ihn. Aber verstanden habe ich es längst: Es wurde mit ihr als Kind nicht geübt.

Darum geht es mir: Ich möchte offensichtliche Fehler nicht wiederholen. Ich mache genug eigene.

Unsere Mutter war ziemlich sauer, als ich mit Anna nach Hause kam und erklärte, dass ich mich scheiden lassen und nach Hamburg ziehen würde. Es passte nicht in ihr Weltbild und war eine Sorge zu viel. Wie über vieles andere haben wir auch darüber nicht wirklich gesprochen, aber wir mussten es auch nicht. Ich wusste, ihr fehlte der Mann an der Seite, der die Verantwortung mitschultert. Die Tatsache, dass keine finanzielle Not herrschte, löste nicht jedes Problem. Fünf Kinder sind Freude, aber eben auch Sorge hoch fünf. Dazu kam die – begründete – Angst vor der gesellschaftlichen Isolation als Single. Denn eine Witwe ist ja sehr plötzlich ein Single. Ehepaare wurden zu gesellschaftlichen Anlässen, zu Abendessen eingeladen, im kleinen Kiel und damals allemal. Alleinstehende Männer eher als alleinstehende Frauen. Es dauerte eine

ganze Zeit, bis unsere Mutter sich traute, allein aufzutreten.
Zu ihrem und unserem großen Glück hatte sie die Kunst. Die wurde zum Geländer, auch für uns Kinder. Wir konnten darauf ohne schlechtes Gewissen herunterrutschen in unsere eigenen Leben.

Unsere Mutter war nicht der Typ, den man zum Kinderhüten bitten konnte. Wenn sie es dennoch tat, war es eigentlich mehr Stress als Entspannung für alle Beteiligten. Nicht schwierig gemeint, sondern nicht anders gekonnt. Diese Rolle übernahm später meine Schwiegermutter. Anneliese ist eine »Omi« wie vom Reißbrett. Kaum war sie im Haus, stand die Spielesammlung schon auf dem Tisch. Mit großer Geduld hat sie den Kindern alle Kartenspiele und -tricks beigebracht – und wie man gewinnt. Kleinkind-Bonus gab es nie. Dafür köstliche Kartoffelpuffer, bis heute.
Meine Mutter war auch bei den Enkeln eher für die künstlerische Beeinflussung zuständig. Malte sie oder mit ihnen, zeigte ihnen, wie man Ton formt und brennt. Übte Humor. Schrieb zu Weihnachten Gedichte und freute sich am Heiligabend am meisten über die »Vorträge« der Kinder vor dem Tannenbaum. Nach ihrem Tod übernahm Peters Exfrau Heidi die Tradition des Dichtens zu Geschenken: Auch das ist ein Patchwork-Glück.
Eines Tages, wir lebten noch in Hamburg und »Tina« war zu Besuch, kam sie mit zum Kindergarten. Das war der

»schwedische«, untergebracht in einem alten Stadthaus am Innocentiapark. Ziemlich teuer für vier Stunden Betreuung am Vormittag, aber gut. Und vor allem: Es war ein Kindergarten, und wir hatten einen Platz ergattert! Die kleine Nini stand also mit anderen Kindern in der Eingangstür im Hochparterre, guckte herum, sah mich und vor allem meine Mutter. Hopste daraufhin die Treppe herunter, lief juchzend auf ihre Großmutter zu, die sie sonst natürlich Tina nannte, rief aber ganz laut: »Oomii!!« Wollte sie doch allen zeigen, was sie hatte. Damals gab es noch keine Ersatz-Omi. Während das Kind so auf sie zusauste, drehte meine Mutter sich leicht zur Seite und blickte hinter sich. Wen könnte das Kind wohl mit Omi gemeint haben?

Meine Großeltern

Ich hatte eigentlich keine Großeltern. Die Eltern unserer Mutter waren schon gestorben, als ich geboren wurde. Und unsere Mutter erzählte wenig von ihnen, auch nicht aus ihrer eigenen Kindheit. Und wenn, dann erzählte sie kaum Persönliches. Ihr Vater war schon relativ alt gewesen, als sie geboren wurde, er war ein berühmter Germanistikprofessor, Otto Mensing, der unter anderem die *Deutsche Grammatik für Höhere Schulen* verfasst hatte. Das Leben richtete sich streng nach ihm aus, die Mutter war wohl in alten Rollen verhaftet. Ich weiß nichts von ihr, außer dass sie viel mit ihrem Mann arbeitete und »nachmittags einen Hut aufsetzte und in die Stadt ging«. Ich denke, so richtig herzlich-warm war es nie bei ihnen zu Hause, jedenfalls nicht zwischen Mutter und Tochter. Ich weiß es nicht, kann nur rückwirkend schließen aus der Psyche unserer Mutter und aus manchen Erzählungen anderer. Persönlich haben wir nie darüber geredet. Merkwürdig, ja. Doch viele Dinge bleiben ungesagt, bis es zu spät ist. Das Gestänge, das ihr von ihrer Mutter angelegt worden war, ließ sich wohl nur schwer öffnen. Immer Haltung bewahren, eine gute Figur machen, funktionieren. Immer Acht geben, was die Leute denken. Selbst wenn die gar nicht nachdenken.

Der Professor-Großvater war gleichwohl immer präsent und wurde, eben weil er ein in Norddeutschland herausragender Intellektueller war, zum Maßstab unserer geistigen Erziehung, auf die unsere Mutter viel Wert legte. Was uns nicht schadete, im Nachhinein betrachtet. Aber es konnte schon nerven, wenn der Deutschlehrer davon ausging, dass man selbstverständlich keinerlei Rechtschreibfehler machen dürfte, weil schließlich der Großvater die Grammatik verfasst hatte, die im Unterricht verwendet wurde. Unsere Mutter verriet das natürlich auch jedem Lehrer.

Der fremde Großvater hatte auch die Niederdeutsche Bühne gegründet, und ich meine, auch die langen Beine in den Genpool mit eingebracht.

Bei mir sind wohl nur die Beine angekommen. Aber danke dafür! Und es ist nicht despektierlich gemeint.

Der Großvater war bestimmt eine große Persönlichkeit, und sicher waren wir stolz darauf, auch in der Schule: Wessen Verwandte schrieben schon Standardwerke und gründeten Bühnen? Meine Freunde wussten ja nicht, dass die Fünf in Deutsch doppelt peinlich war. Aber die Bein-Nummer war eben auch wichtig. Unsere Mutter legte nämlich auch darauf großen Wert. Jedes Kind, auch die Enkel, wurde genau beobachtet, ob sich die Mensing-Beine, also die langen dünnen *ihrer* Familie, oder doch die Lehment-Beine, also die stabilen Modelle väterlicherseits, durchgemendelt hatten. Das führte nicht nur zum familiären Running Gag, sondern auch dazu, dass unsere Mutter eines Tages voller Begeisterung mit einem Paar Plateauschuhen nach Hause kam. Die sollte mein kleiner Bruder fortan tragen. Ich glaube, er war acht, und die Proportion Oberkörper/Beine hatte nicht die MÜV (Mutter-Überprüfungs-Vorschrift)-Plakette bekommen. Zum Glück für ihn legte unsere Mutter nur Wert auf Äußerlichkeiten, wenn wir mit ihr gemeinsam irgendwo hingingen. Die peinlichen Schuhe samt kratziger, bodenlanger (damit man die Mogelsohle nicht sah) Wollschlaghose kam deswegen nur gelegentlich zum Einsatz. Schon erstaunlich, dass unser Bruder das überhaupt so unbeschadet überstanden hat. Aber er hat auch die Tatsache, dass wir drei älteren Schwestern ihn regelmäßig mit albernen Nickitüchern und sonstigem Schnickschnack dekorierten, liebevoll und unbeirrbar weggesteckt.

Der Vater unseres Vaters starb, als ich drei Jahre klein war. Doch ist er mir vertrauter als die nie gesehenen Großeltern. Er war als »Großvati«, was liebevoll schien, in Erzählungen präsent, auch als er gar nicht mehr lebte. Von seiner Frau, also Omi, erinnere ich nur drei Dinge: das seidige weiße Haar, die kostbare, filigran silberne Keksdose und die Verwirrung. In die Keksdose waren Figuren gehämmert, und sie wurde mit einer gewissen Bedeutsamkeit aus dem Vitrinenschrank geholt, wenn ich mich mal wieder nach oben geschlichen hatte, denn Omi wohnte über uns.
Das war zu der Zeit, als ich noch felsenfest davon überzeugt war, mein Name sei Goldie Goldfasan. Manchmal wurde ich gefragt, in diesem gönnerhaften Ton, den Erwachsene so gut beherrschen: »Na, du Kleine, wie heißt du denn mit Vornamen?« Aber selbst wenn meine Eltern spaßeshalber fragten, antwortete ich stets strahlend: »Goldie!« Und mit Nachnamen? »Goldfasan!« Ich konnte richtig wütend werden, wenn jemand glaubte oder, noch schlimmer, behauptete, ich hieße Inga Elisabeth Lehment. Pah! Ich war Goldie Goldfasan. Was angesichts meiner schwarzen Locken natürlich völlig absurd schien. Aber andere Kinder hatten auch komische Namen. Wie Marga, die später in der Klasse meiner Schwester war und Rhine mit Nachnamen hieß.
In der Schule hieß ich dann auch anders: »Toxi«, sagten die Lehrer in der ersten Klasse. Weil ich zu den dunklen Haaren extrem braungebrannt war, genaugenommen schwarz. Es gab damals einen Film, den offenbar alle gesehen hatten: *Toxi*. Das kleine Mädchen war wie zahlreiche Kinder

der Nachkriegszeit aus der Liaison zwischen einer Deutschen und einem amerikanischen Soldaten geboren worden; Toxis Vater war ein Schwarzer. Und so sah ich auch aus, von Anfang an. Im März zur Welt gekommen, wurde ich sofort, es war ein schönes Frühjahr, im kurzen Strampler auf den Balkon geschoben und wahrscheinlich nur zu den Mahlzeiten reingeholt. Im Juli hatte ich eine Hautfarbe, als hätten meine Eltern mich aus Jamaika importiert, wo sie jedes Jahr für einige Wochen hinfuhren, um Rum-Geschäfte abzuwickeln. Denn mein Vater führte ja das Spirituosenunternehmen seines Vaters und Großvaters fort. Er wollte Landwirt werden, aber da seine großen Brüder im Krieg gefallen waren, musste er die Tradition übernehmen und wurde, was man damals Fabrikant nannte. Eine große Sache.

Und wenn es einem gut ging, dann war man braun. Sehr braun. Eingecremt wurden wir nur mit Materialien, die die Tönung beschleunigten, im Sommer schnitt meine Mutter uns die Haare in der Stirn extra kurz, und wir trugen winzige Bikinihosen mit Seepferdchen-Muster, damit wirklich überall Farbe hinkam. Die Hosen brauchten wir vor allem für den »Rand«, den Abgleich Vorher-Nachher. Alljährlich gewannen wir zum Stolz unserer Eltern am Kampener Strand nicht nur den Wettbewerb um die höchste Sandburg rund um den Strandkorb, sondern auch den noch wichtigeren: Wer ist am braunsten?!

Wir wurden deswegen »die Neger« genannt. Das sagte man damals noch ohne politisch-korrekte Bedenken. Auch

ohne Vorurteil, jedenfalls unsere Eltern. Als mein jüngerer Bruder schon längst erwachsen war, wurde er in einem Ferienmiethaus auf Sylt von den Nachbarn freudig angesprochen: »Sind Sie nicht einer von den Negern?«
Das italienische Blut väterlicherseits war in diesem Zusammenhang sicher hilfreich, und auch unsere Mutter brachte in tönender Hinsicht robuste Veranlagung ein. Erstens wurden wir sehr schnell braun (Erfolg!), bekamen keinen Sonnenbrand (Glück!), und die Folgeschäden halten sich bis heute in Grenzen (puh!). Ich habe die Hautfarbe vom Vater und musste als Kind im Sommer regelmäßig noch einmal vom Esstisch aufstehen, weil ich mir angeblich nicht die Hände gewaschen hatte – da waren ja noch schwarze Rillen in den Fingergelenken. Manno! Das ging doch gar nicht ab!
Unsere Mutter erzählte auch gern die Geschichte, wie sie mit ihren drei Ältesten stolz zum Markt auf dem Blücherplatz in Kiel ging. Das war »die gute Gegend«, und unsere hübsche, schlanke Mutter posierte also mit zwei wonnigen, in Bubikragen gekleideten Goldhaarkindern links und rechts vom Kinderwagen, und mindestens jede zweite Frau beugte sich mit entzückter Erwartung in das Korbgeflecht. Das reflexhafte »Dudi Dudi« erstarb sofort auf jeder Lippe, lag da doch auf blütenweißem Laken im ebenso weißen Kurzbein-Strampler ein kleines, dickes, dunkelbraunes Ungetüm. Man kann sich die Reaktion lebhaft vorstellen: Blick in den Wagen, dann auf die Kinder links und rechts, zur Mutter, noch mal erschrocken in den Wagen, indig-

niert zur Mutter. Tzz, tzz, tzz. 1957! Die GIs waren noch nicht alle weg. Zum Glück für unsere Mutter hatte ich helle Augen. Und wenn unser Vater mit den tollen schwarzen Haaren dabei war, war eh alles gut.

Von all dem wusste ich noch nichts, als ich mich ausgerechnet Goldie Goldfasan nannte. Es hatte keine psychologischen Gründe. Ich wollte nicht blond sein. Ich hab nur gern gesponnen.

Damals also lebte Omi in der Wohnung über uns. Es war das Elternhaus unseres Vaters, inzwischen aufgeteilt in drei Wohnungen. Im Erdgeschoss wohnte ein vornehmes Ehepaar. Da musste man immer leise an der Tür vorbeigehen. Wir sollten da auch nicht das Treppengeländer herunterrutschen. Ich hatte Angst vor ihnen, ohne sie näher zu kennen.

Man erinnert die Kindheit nur in Fetzen. Interessant, was hängen bleibt im Sturm der Jahre. Fotoalben helfen erst ab einem gewissen Alter auf die Sprünge. Ich sehe immer glücklich, proper und verschmitzt aus auf den Bildern meiner Kleinkindheit. Wahrscheinlich war ich es auch. Sonst wäre nicht dieser Frieden in mir.

Es gibt ein altes Weihnachtsfoto in verschossener Farbe. Festliches Gruppenbild mit Großfamilie, Tante, Onkel, Cousine, Vetter, auch noch mit Großvati und Omi, ich im gesmokten Hängerkleidchen (immer noch braun, an Weihnachten!!). Kürzlich hatte ich die Aufnahme wieder in den Händen und bedauerte, dass ich keine Ahnung habe, wie die Stimmung damals wohl war. Ich hoffe, meine Enkel haben jemanden, der ihnen mehr erzählt. Wär schön, wenn ich das sein könnte.

Großvati starb quasi vor meiner Erinnerung, und Omi lebte über uns und hatte diese Keksdose. Die Versorgung mit Süßigkeiten funktionierte früher nicht nach meinen Vorstellungen, das heißt, es gab keine dauerhafte Grundversorgung. Omi musste also öfter besucht werden, wobei man nicht einfach raufgehen konnte und sagen: »Kekse!« Krümelmonster und Sesamstraße waren noch nicht erfunden. »Kekse, bitte!«, reichte auch nicht unbedingt. Man brauchte schon Argumente. Oder besser: eine Geschichte. Die hatte Goldie allerdings immer im Fundus. Dann öffnete sich der Deckel, der von innen golden war, für einen kurzen Moment. Grapsch! Nein, grapschen war leider auch verboten. Aber besser ein Keks als kein Keks. Und Omi hatte so schöne hellblaue Augen und Feenhaar, fein und weiß, bestimmt mit einer ganz weichen Bürste jeden Abend tausendmal gestrichen.

Irgendwann war Omi nicht mehr da. Über »Probleme« wurde mit uns Kindern nicht gesprochen, Geheimnisse erfuhren wir vom Kindermädchen, das gelauscht hatte – oder eben gar nicht. Unsere Mutter hielt das für richtig so. Also, nicht das Lauschen der Kindermädchen, sondern die Ahnungslosigkeit der Kinder. Sie war der Meinung, Probleme wären etwas für Erwachsene, Kinder würden sie nicht verstehen. Dass einem gerade das manchmal Probleme machte, erkannte sie nicht.

Omi hatte, wie ich erst später erfuhr, Alzheimer. »Sie ist tüdelig«, sagte das Kindermädchen. Und deswegen durfte Omi nicht mehr oben im Haus wohnen. Wir wohnten nämlich auch nicht mehr dort. Sie vergaß zu leben, und wir konnten nicht auf sie aufpassen. Also kam sie in ein Heim. Ob es schön war, ist in meinen Erinnerungen nicht vermerkt. Aber Besuche. Nicht viele, denke ich. Aber wenn wir hingingen, sagte sie freundlich zu mir: »Guten Tag, wie heißen Sie?« Ich war Grundschülerin und nicht gewohnt, gesiezt zu werden. Dass die eigene Großmutter einen nicht erkennt, hatte mir auch keiner erklärt. Das irritierte mich. Schmerz wäre das falsche Wort, wir hatten ja kein kuschelndes Verhältnis, nur die Sache mit den Keksen.

Insgeheim – das muss ich hier zugeben – fand ich es cool, gesiezt zu werden.

Omi starb, als ich elf war.

Reiche Leute

Wir lebten damals in Raisdorf, das war seinerzeit ein Kaff in Schleswig-Holstein und ist heute eine Art Schnellstraßen-Randbebauung. Unsere Mutter war *not amused*, aber wir hatten natürlich gute Gründe, dorthin zu ziehen: Zunächst einmal war das Traumgrundstück mit Blick auf die Kieler Förde, das unser Vater so gern gehabt hätte, – noch – nicht auf dem Markt. Zum Zweiten platzte die Firma aus allen Nähten, respektive Mauern des denkmalgeschützten Gebäudes in der Innenstadt von Kiel. Mit der Erfindung des Johannisbeerlikörs »Schwarzer Kater« hatte unser Vater dem Unternehmen goldene Zeiten beschert. Er führte die Firma, die einst von zwei Brüdern gegründet worden war, gemeinsam mit seinem Vetter, und außer »Schwarzem Kater« gab es noch Marktrenner wie den Schnaps »Nordischer Löwe« oder den Rum »Polar Pur«. Die Produktionskapazitäten mussten also unbedingt erweitert werden, und auf dem flachen Land, eine gute halbe Autostunde von der City entfernt, bot sich genügend Platz.
Platz war dort auch gleich noch für den anderen Traum: die Landwirtschaft. Unsere Eltern bauten ein großes Haus und legten einen noch viel größeren Garten an, mit Obstbäumen, Spargelbahnen und Gemüsebeeten. Die Rasenfläche war nur mit Aufsitzmäher zu bewältigen, und in einem Häuschen umgeben von Haselbäumen hauste eine Kaninchenzucht. So süß!! Bis ich sie wiederfand: in der

Garage, in Reihe aufgehängt vom Hausmeister zum Ausbluten oder etwas ähnlich Schrecklichem. Ich habe nicht gefragt. Nur nie wieder die Kaninchen besucht. Und mich, wenn es Fleisch gab, nie erkundigt, was für Fleisch es war.
Wir waren wohl vermögend. Unsere Eltern machten die Jungfernfahrt auf der *Queen Mary* nach New York mit, und als Stewards in der ersten Klasse arbeiteten damals zwei junge Zauberer, die Siegfried und Roy hießen und an manchem Abend die Damen hypnotisierten und sie dann gemeinsam mit einem Geparden fotografierten. Auch von unserer Mutter gibt es so ein Bild, das sie aber erst hervorkramte, als Siegfried und Roy mal zu Besuch in das Berliner Varieté *Wintergarten* kamen, das mein Mann gegründet hatte. Da hatte das Bild nämlich quasi einen persönlichen Bezug. Dass sie die beiden Magier längst kannte, als die zu Weltstars wurden, das war unserer Mutter nie wichtig. Ich glaube, sie las die *Bunte* wirklich nur beim Friseur.
In jenen Jahren hatten wir ein Hausmeisterehepaar, das in einem separaten Häuschen über der Garage wohnte. In ihrer Küche brodelte entweder ihr Lieblingsgericht Eisbein extra fett auf dem Herd oder die Lunge für den Hund kochte schäumend über. Beides faszinierte und ekelte mich zugleich. Der Hund war Alf, unser Schäferhund. Wir Kinder hatten wenig mit ihm zu tun. Er war nicht zum Kuscheln da, er wachte und bellte und lebte in einer Hütte in einem großen Zwinger zwischen unserer Küche und dem Hausmeisterhaus. Absurderweise bekam mein jünge-

rer Bruder mit drei Jahren dann auch so einen Zwinger um seine Sandkiste herum. Er haute nämlich gern ab, weil er lieber im Stall zwischen den Kühen beim Bauern in der Nähe saß als in seiner Sandkiste. Doch kein Zaun war je hoch genug für den Knirps. Auch der Zwinger natürlich nicht … wir Geschwister haben ihn sehr bewundert.

Alles – das Mitarbeiterhaus, unser Haus, die Garage – war durch unterirdische, aus Kindersicht unendlich lange, unheimliche, zeitlichterhellte Gänge verbunden. Wehe, man war nicht schnell genug, dann stand man nämlich im Dunkeln und der nächste Schalter war weit. Aber dort wurden auch wunderbare Kindergeburtstage gefeiert. Und wir hatten einen großen »Atombunker«, voll funktionsfähig eingerichtet. Mit einem geheimen Ausgang irgendwo im Garten hinter dem Pool, mit Betten und Dosenessen für Wochen.
Die Angst saß tief in unserem Vater. Er war erst Jahre nach Kriegsende aus russischer Gefangenschaft nach Hause gekommen, hatte dort nach einer Kopfverletzung lange im Koma gelegen. Seine Freundin hatte inzwischen einen anderen geheiratet. Die Zeiten waren so. Auch wenn er aussah wie Rock Hudson.
Ich hätte gern mit ihm über das gesprochen, was er im Krieg erleben musste als junger, sensibler, zwangsverpflichteter Rekrut. Als ich alt genug war, um zu fragen, starb er. Einiges ahne ich. Auch den schmerzlichen Konflikt, der

ihn zerriss, als er die väterliche Firma mit der großen Traditionsverantwortung übernehmen musste, statt Landwirt zu werden, wie er es viel lieber getan hätte.

Nie, nie, nie durften wir übers Essen mäkeln; eines seiner Lieblingsgerichte war Pichelsteiner Eintopf, bloß nichts Überkandideltes.

Meine absolute Leidenschaft hingegen waren Maiskölbchen von Kühne. Die wünschte ich mir viele Jahre zu Weihnachten, und ich bekam immer drei Gläschen. Musste nicht teilen! Das war toll. Leider reichten sie trotzdem nur für zwei Weihnachtstage …

Es galt die Regel: eine Scheibe Brot, eine Scheibe Wurst. Bei der Wurst herrschte freie Wahl, aber es war eben genau eine Scheibe, egal in welchem Größenverhältnis sie zueinander standen. Natürlich war immer das Brot größer. Schlimm war das nicht. Wir kannten es so. Dennoch spezialisierte ich mich irgendwann instinktiv auf Leberwurst mit Gurke, das staubte weniger.

Natürlich habe ich diese Erfahrung später bei den eigenen Kindern kompensiert. Ich war ungefähr neunzehn, als ich bei Bekannten in der Küche stand und fassungslos mit ansah, dass die Mutter für ihre Kinder Brötchen mit Lachsschinken belegte. Lachsschinken hatte es bei uns nur für Erwachsene und an besonderen Tagen gegeben. Ich starrte also auf die Schulbrote (!) und fragte: »Das ist für die Kinder?? An einem Montag?« Die Bekannte schaute mich

überrascht an: »Klar, wieso?« Und wieder einmal löste sich eine Konditionierung.
Damals beschloss ich, eines Tages die tollsten Schulbrote überhaupt zu schmieren. Tat es auch. Jedenfalls aus meiner Sicht. Wuchtete gern mindestens dreihundert Gramm Mortadella sowie Salat, Radieschen und was mir sonst noch im Gemüsefach in die Finger kam, zwischen zwei dünne Scheiben sehr frisches Krustenbrot. Bis die Kinder schließlich verzweifelt baten: »Mama, könnten wir auch mal etwas weniger Belag und mehr Brot bekommen?« Da haben wir uns gemeinsam mal wieder totgelacht.

Ein sehr guter Freund unseres Vaters war Blumen-Kolle. Gesellschaftlich eine andere Liga, wie meine Mutter gesagt hätte, es in diesem Fall aber – zumindest uns gegenüber – nicht tat. »Onkel Kolle« war nie zu Gast, wenn meine Eltern Gesellschaften gaben, aber ich war oft bei ihm. Lernte dort Sträuße, Adventsgestecke und Kränze binden, konnte kassieren, bevor ich in der Schule rechnen lernte, wollte natürlich auch Floristin werden.
Einmal kam es zu dem Schlüsselerlebnis, das mir klarmachte, dass die ungleichen Männer eine ganz besondere Kameradschaft verband, auch wenn ich zunächst nur verletzt war. Geschehen war Folgendes: Wir wohnten bereits wieder in Kiel, ich hatte zum vierzehnten Geburtstag tatsächlich ein orangefarbenes Velo Solex bekommen, mit dem ich fortan durch die Stadt knatterte. Eines Tages

kam es zum Zusammenstoß zwischen dem Mofa und einem Renault-Transporter. Kolles Blumenwagen. Ausgerechnet. Ich fühlte mich unschuldig, hatte der Wagen mich doch seitlich auf der Radspur erwischt, als er aus der Ausfahrt schoss. Also konnte ich nicht die Vorfahrt missachtet haben. Es gab zum Glück nur Lack- und Hautschaden, nichts Ernstes, bei keinem von uns. Aber eben einen Vorfall. Und »Onkel Kolle« behauptete, es wäre meine Unachtsamkeit gewesen. Mein Vater glaubte ihm, nicht mir. »Kolle sagt mir immer die Wahrheit!«
Ich war wütend ob der Ungerechtigkeit und kreuzunglücklich zugleich. Ich konnte mir nicht vorstellen, dass mein Vater einem fremden Menschen mehr Glauben schenken würde als mir. Und ich bin dann nicht Floristin geworden. Aber ich verstand schließlich, was unseren Vater bewegte. Kolle und er waren in Kriegsgefangenschaft zusammen gewesen. Das ist ein Band, auf das man nicht eifersüchtig sein muss.

Ein Onkel, mächtig und gefürchtet in der Familie, sagte oft: »Wenn die Russen kommen …« Was wir Kinder für schrullig hielten. Mein Vater sagte das nicht. Er sprach eh nie über den Krieg, aber er baute den Bunker, nur wenige Stufen von der Küche entfernt. Wir mussten keine reale Angst haben vor den Russen, die hat unser Vater nie auf uns übertragen, diese Angst war ein abstraktes Wort. Wir sahen den großen Raum mit der tonnenschweren Tür eher als Abenteuerkulisse und – wenn wir nicht dabei erwischt wurden, denn dann gab es *sehr* großen Ärger – als Angeberei-Möglichkeit. Angeben war noch schlimmer als übers Essen mäkeln. Dass wir in einem riesigen Haus wohnten mit Kinderzimmern, die in der Erinnerung so weitläufig waren wie Klassenräume, fanden wir nicht interessant. Ich wollte ohnehin lieber bei einem Mädchen im Dorf wohnen, deren Mutter war nämlich Avon-Beraterin, und auf dem Dachboden in deren Reihenhaus gab es eine Abseite voll mit »Materialien«: Aufsteller, Flyer, manchmal sogar Proben. Das war ein Paradies! Ich wollte unbedingt Avon-Beraterin werden.

Aber der Bunker, das war schon etwas. Mal abgesehen von den »Aufess-Wochen«: Regelmäßig mussten die Konserven verbraucht werden, und dann gab es Dosenschwarzbrot, Dosensuppe, Dosenpuddings und Trockenmilch. Einfach wegwerfen kam überhaupt nicht in Frage.

Der Wohlstand unserer Eltern erschloss sich mir nicht. Ich fühlte mich nicht reich. Schon weil unsere Eltern sehr darauf achteten, uns im Detail kurz zu halten. Wir lebten in großzügigen Verhältnissen, aber ich persönlich hatte in der kindlichen Wahrnehmung nichts davon. Was ein Kindermädchen bedeutet und eine Haushälterin und ein Hausmeister, der auch als Fahrer fungierte, konnte ich nicht deuten. Höchstens als komische Ungerechtigkeit, weil mein großer Bruder immer nach Kiel zum Gymnasium gefahren wurde, während ich jeden Tag zu Fuß eine ganz schöne Strecke zur Grundschule im Dorf gehen und später zur Schulbus-Haltestelle jagen musste. Am Tag nach der Einschulung musste ich schon allein gehen, ich verlief mich natürlich, kam ziemlich spät nach Hause und bekam erst einmal eine geknallt.

Was an die Ohren

Damals bekam man ständig was an die Ohren und auf den Hintern oder sonst wohin. Das doofste Kindermädchen, das wir hatten, schlug gern mit dem Kochlöffel, bis er zerbrach. Das war kein Fall für den Kinderschutzbund, das war einfach so. Wir hinterfragten es nicht. Wir versuchten nur, im richtigen Moment zu verschwinden.

Ich bekam (Achtung, Familie: Hier kommt endlich die Geschichte!!) auch eine gewischt, als ich noch Grundschülerin und auf dem Schulweg bereits im dunklen Garten in einer Schneewehe versunken war. Irgendwann hatte ich mich rausgewühlt und stand heulend und klitschnass wieder in der Küche. »Wie kann man nur so blöd sein!« Blaff, batsch. Trockene Klamotten an und: »Los jetzt, sonst kommst du noch zur zweiten Stunde zu spät!!«, bellte das Kindermädchen.

Natürlich habe ich diese Anekdote jedes Mal hervorgeholt, wenn an einem trüben Wintermorgen so gar keine Geschwindigkeit Richtung Schulweg aufkam. Irgendwann reichte es, bedeutungsschwer anzuheben: »Als ich ein Kind war, musste ich morgens auch im Dunkeln und im Winter …«
»Mama, nicht die Schneewehe!!« Und schwupp, waren sie weg.

Erst als ich in der Quarta war, musste der erste Lehrer am Gymnasium gehen, weil er weiterhin prügelte.

Ich mochte meine Kinder nicht schlagen. Nie. Laut schreien in der Wut, ja! Und man wird wütend als Eltern. Aber nie hauen. Es heißt, es gäbe eine Gesetzmäßigkeit, dass man die Fehler der Eltern nachlebt, aber das stimmt nicht ganz: Man kann sie durchaus durchbrechen. Aber es ist natürlich etwas anderes, wenn man wirklich misshandelt wurde, das Erlebte nicht auflösen, nicht aussprechen konnte und kann und wenn daraus Deformationen der Psyche entstehen. All das passierte uns nicht. Macken sind etwas anderes.
Aber es ist wohl die größte Herausforderung, vor der wir als Eltern stehen: das Unterlassen. Das Nicht-Weiterreichen von Frustrationen, von Schmerz, von Überforderung an die nächste Generation.

Einmal verschwand ein Kindermädchen von jetzt auf gleich. Allerdings nicht das mit dem Kochlöffel, ein anderes Mädchen. Sie hatte uns Kleinen Schnaps gegeben, damit wir schön schliefen. Ob vorsätzlich oder weil sie dachte, in einem Spirituosenunternehmerhaushalt wäre das üblich, weiß ich nicht. Jedenfalls kriegten wir vorm Zähneputzen ein großes Glas voll. Ich fand's eklig. Doch wir mussten ja immer gehorchen. Unsere Mutter hatte sich dann wohl doch über die Fahne gewundert, die ihr nachts aus den Kinderzimmern entgegenwaberte, als sie überraschend früher von einer Reise zurückkehrten. Sie reagierte umgehend. Und ich trinke seither keinen Schnaps mehr.

Ich war in der zweiten Klasse, gerade sieben, als wir nach Raisdorf zogen. Neben mir saß Artur, der war vierzehn und absolvierte sein letztes Pflichtschuljahr. Artur kam aus einer Alkoholikerfamilie und war stark lernbehindert, die »Sonderschule« für Jungs wie ihn wurde erst später eröffnet. Ich fand Artur cool. Er hielt den Stift ganz anders, als wir es mussten, durfte sogar einen Kugelschreiber benutzen, schob den senkrecht zwischen Zeige- und Mittelfinger in Richtung Papier und malte schöne Sachen. Ich bekam von der Lehrerin natürlich eine geknallt, weil ich mit den Buchstaben nicht in der vorgeschriebenen Linie blieb. Ich wollte nicht Artur sein, aber ein bisschen wie er.
Und für kurze Zeit Königskind. Denn einmal musste die ganze Schule Spalier an der Hauptstraße stehen und

kleine Fähnchen schwenken. Die Queen rauschte im Bentley oder so vorbei und winkte huldvoll. Wir konnten sie fast erkennen. Ich wollte sie nicht als Mutter, war eh nie auf dem Prinzessinnentrip, aber ich wollte auch mal in so einem Auto allen davonfahren.
Es gab noch mehrere Kinder aus Alkoholikerfamilien in unserer Klasse. Im Nachhinein scheint es mir bitter ironisch, dass die mich besonders gern vermöbelten, weil ich das Mädchen aus der Fabrikfamilie war. Aus der Fabrik, in der Schnaps produziert wurde. Aber mein Vater konnte nichts für die Verhältnisse. Er half viel.

Tinus, wie wir ihn nannten und erinnern. Ein Mann aus der Generation, deren Illusionen schon als Jungs erschossen wurden. Die ein anderes Leben leben sollte als erträumt. Unser Vater war die Wärme, groß und stark mit weichen Händen und spürbarer Liebe. Ostern, wenn unser Anbaden auf Sylt war, egal, was die Temperaturen davon hielten, dann rannten wir blau gefroren hinter ihm in die Nordsee hinein, und er fing uns auf und warf uns in die Wellen. Und es war aufregend, saukalt und geborgen zugleich.
Er legte stets Geld zurück, damit er seinen Angestellten etwas in bar mitgeben könnte, falls mal etwas mit der Firma passieren sollte. Er sorgte immer vor. Regelte auch seinen Nachlass frühzeitig so, dass seine Kinder niemals würden streiten müssen.

Wie es wohl wäre, wenn er noch lebte? Hätte ich, wie so viele andere Töchter, auch um Anerkennung kämpfen, mich schmerzhaft von ihm emanzipieren müssen?
Ein bisschen, vielleicht.
Das hätte ich wohl gern in Kauf genommen, anstatt ganz ohne ihn zu sein. Ganz ohne Vater ist die schlechteste Alternative.
Er hätte sich so sehr gefreut über Enkel. Und Urenkel.
Wir vertreten ihn hier unten. Ersetzen können wir ihn nicht.

Wir wuchsen also auf in dem, jedenfalls in der Kindererinnerung, riesigen Haus. Das war toll, aber »verwöhnt« waren wir nicht. Das war das schrecklichste Wort für unseren Vater. Aus Prinzip und weil er fürchtete, dass wir nicht vorbereitet sein könnten, nicht zurechtkommen würden, wenn die Zeiten sich wieder ändern würden. Womit er immer rechnete. Er hatte es ja selbst erleben müssen.
Ich verstand deshalb auch nicht, warum ich vermöbelt wurde auf dem Schulweg, nur weil wir die Leute mit der Fabrik waren. Aber ich war zum Glück robust, konnte auch draufhauen. Nachdem ich drei Jungs auf dem Schulhof zur Minna gemacht hatte, wurde ich zur Klassensprecherin gewählt. Das zählte damals.
So wie die Barbie-Währung. Alle Mädchen in der Klasse hatten eine. Original. Mit Original-Klamotten. Eine sogar mit dem Pudel. Ich hatte keine.

Wir durften in der Adventszeit durch den Katalog von Spielzeug-Giesecke in Kiel blättern und derart inspiriert unsere Wunschzettel gestalten. Wir bekamen auch tolle Sachen. Aber eben keine Barbie. Unsere Mutter hielt das für prollig. Für völlig absurd.

Das Taschengeld reichte natürlich nicht für Eigeninvestments dieser Größenordnung. Die Schulnoten-Vergütung auch nicht, jedenfalls nicht bei mir. Zwanzig Pfennig pro Woche war schon damals nicht viel: zehn kleine Kirschlollies. Oder vier Kuba-Cola-Lollies.

Dann standen wir irgendwann im dörflichen Schreibwarengeschäft mit der Liste für das neue Schuljahr. Unsere Mutter war gut aufgelegt, sagte unvermutet: »Na, nimm so eine Puppe mit.« Und zeigte auf ein Barbie-Double im Regal. Ich war ganz erschrocken. Wegen der Aufforderung. Und: Es war eine Petra! Oh nee. Alle hatten eine Barbie und ich: eine Petra, die Billigausgabe! Ausgerechnet! Ich griff dennoch beherzt zu. Hoffte wohl, dass es der Dammbruch sein könnte …

Petra hatte nur einen Badeanzug. Keine weiteren Originalklamotten. Bekam auch keine. Ich ließ sie immer zu Hause. Einmal zeigte ich sie meiner Avon-Freundin, die mich nach Kräften bemitleidete. Dass unsere Haushälterin extra Klamotten für Petra häkelte (!), war – im Nachhinein betrachtet – natürlich kompletter Luxus, aber damals eben nur peinlich.

Doch als Anna auf die Welt kam, haben wir beide mein Trauma frühzeitig und gründlich aufgearbeitet.

Und in meinem Arbeitszimmer steht vor den Martha-Grimes-Krimis spitzmündig das Remake der ersten Barbie-Puppe. Im Badeanzug …

Unsere Mutter fuhr regelmäßig zur Schneiderin, jedenfalls in die Stadt, ging gesellschaftlichen Verpflichtungen nach und kontrollierte die Vokabeln. Stundenlang. Sie stand morgens nie vor neun Uhr auf, auch nicht an Geburtstagen. Als ich mal in der Schule gefragt wurde, was ich denn so bekommen hätte, war ich verwirrt. »Wieso? Geburtstag ist doch erst ab mittags.« Frau Nibbe, unsere Lehrerin, dachte wohl, ich würde mal wieder fantasieren. Sie war nicht meine Verbündete.
Dabei war das mit dem Geburtstags-Timing gar nicht schlimm. Wir kannten es nicht anders und wurden ja auch gebührend gefeiert. Sogar mit Extrageschirr. Und doch war ich tief berührt, als mein Vater an einem Geburtstag morgens ganz früh in mein Zimmer kam, als ich mir gerade die Zähne putzte, und mir ein kleines goldenes Armband mit meinem Namen darauf schenkte. Er sei leider schon auf dem Weg zum Flughafen. Es war ein Gefühl, als hätten wir heimlich Blutsbrüderschaft geschlossen.

Der Wohlstand der Eltern nützt einem als Kind nur bedingt. Und als ich deswegen hätte die Bodenhaftung verlieren können, hatte sich die Sache eh relativiert.

Es ging uns gut, unsere Mutter musste sich nicht sorgen um das täglich Brot, wir lebten immer in einem schönen Haus, durften viel reisen und studieren und bekamen sogar alle ein Auto, weil wir nicht rauchten. Aber wir hatten keinen Vater mehr.

Dienstag, 16. November

Anruf Anna. Sie hat eine Hebamme und einen Krankenhausplatz gefunden. Dabei sind doch noch mehr als fünf Monate Zeit! Ein Lottogewinn hätte nicht mehr Freude auslösen können. Wahrscheinlich wird sie nächste Woche das ungeborene Kind im Kindergarten anmelden müssen, um auf der sicheren Seite zu sein. Vielleicht ist deshalb die Qualität der Ultraschallaufnahmen so gut. Damit man schon ein Foto für die Bewerbungsunterlagen hat.
Was für ein Druck!
Wo ist das Ventil?
Müssen wir denn wirklich so viel Druck ausüben auf unsere Kinder (und uns selbst), damit sie in der Zukunft eine Chance haben? Ist der Markt so gnadenlos, wie wir vermuten?
Müssen sie immer mehr immer schneller lernen? Hase und Igel gleichzeitig sein? So schnell wie der Hase und so listig wie der Igel? Und ist gleichzeitig überall erster?

Ohne Zweifel: Leistung ist nötig. Und wer heute fließend akzentfrei Englisch spricht, hat längst nicht mehr den Bonus, den wir noch hatten. Leistung war immer. Doch der globale Markt hat Spielregeln verändert, und nicht nur zum Fairen. Wen erschüttert das mehr? Uns, die wir anderes kannten, oder jene, die darauf vorbereitet werden?

Ich habe mich einige Jahre beruflich mit dem Thema Schulpolitik befasst. Dabei und in meinen eigenen Erfahrungen, etwa mit den vielen Lehrern der Kinder, habe ich gelernt, dass es immer auf den Menschen und seinen pragmatischen Verstand ankommt, seine Gefühlsfähigkeit, sein Urteilsvermögen, seine Souveränität, ob Unterricht sich positiv oder negativ entwickeln kann. Jeder kennt Beispiele. Ein Physiklehrer fragte mich als Erstes, ob ich die Schwester von Angelika sei. Was ich freudestrahlend und stolz bejahte. Ich hatte ja gern eine große Schwester, fand daran nur doof, dass ich deswegen meist Erbklamotten anhatte statt erste Auswahl. »Na, dann«, sagte dieser Lehrer nur, und es klang nicht gut. Wurde auch nicht gut. Er mochte meine Schwester nicht und mich also auch nicht. Die Noten waren dementsprechend. Ich mochte ihn auch nicht. Physik ist für mich eine Wissenschaft mit sieben Siegeln geblieben.

Aber dann gab es eben auch den Direktor im Internat in England, der lächelnd zu meinem verunsicherten Stiefsohn sagte: »Jeder Mensch hat eine Stärke. Wir finden heraus, was deine ist!« In der Sekunde wusste ich, das war der Ort, an dem er sein Schulglück und seine Zukunft finden würde. Und so kam es.

Anfang der Neunzigerjahre saß ich in einer kleinen Runde bei der Lehrergewerkschaft GEW in Berlin. Es ging um die Frage, ob man ausländische Kinder (bzw. deren Eltern) dazu zwingen dürfe, Deutsch zu lernen. Für mich erschreckend kategorisch wurde das von dem damaligen Vorsitzenden abgelehnt. Nach dem Motto, wir könnten den Fremden doch nicht unsere Sprache aufdrücken, das widerspräche jedem Multikulti-Gedanken. Zur gleichen Zeit waren Aussiedlerkinder in die Grundschulklasse unserer Jüngsten gekommen. Sie beherrschten die Unterrichtssprache nur rudimentär, und das machte sie zu Außenseitern. Sie waren unglücklich, manche so sehr, dass sie aggressiv wurden und dass Gewalt ihre Ausdrucksform wurde. Es hat Jahre gedauert, bis es als korrekt galt, Sprachkenntnisse einzufordern und auch durchzusetzen. Verlorene Jahre für viele junge Menschen, fürchte ich. Ich kann Ideologie nicht verstehen.

Wir diskutieren derzeit sehr viel darüber, ob kleine Kinder besser zu Hause oder im Kindergarten betreut werden, ab wann fremde Hände zumutbar sind. Viel wichtiger scheint mir die Frage: Was machen wir in diesen jungen Jahren

mit ihnen? Was zeigen wir ihnen? Wer zeigt es ihnen wie? Die Bildung des Herzens und des Denkens ist nun mal der Schlüssel.
Und was ist uns als Gesellschaft die Betreuung unserer Kinder wert? Warum sparen wir an qualifiziertem Personal? Warum ist studieren kostenlos und Kindergarten kostenpflichtig? Wer ernten will, muss säen und wässern.
Ich vermag nicht zu beurteilen, ob unsere Kinder glücklicher aufgewachsen wären ohne Kindergarten und Hort. Ich glaube nicht. Sie sind früh selbstständig geworden. Wichtig ist halt, dass man das, was sie am Tag erlebt haben, gegen Abend einmal kurz (und manchmal auch lang) sortiert. Teilnimmt an ihrem Leben, sie ernst nimmt und dabei leitet. Und dann ruhig bis zu den Träumen an Benjamin Blümchen übergibt.

27. November

Ein Samstagmorgen in Hamburg. Keine Termine. Ich wickle noch die letzten Adventskalender ein und denke an mein Enkelkind. Schreibe ihm einen inneren Brief:
In welcher Zeit wirst du groß? Wird sie noch unruhiger als jetzt, oder haben sich die Welt und die Finanzmärkte irgendwann wieder sortiert? Musst du dich mit acht schon schminken und ab zwölf schon aufs Abitur vorbereiten?

Hast du mit vierzehn deinen dritten Freund, keine reale Freundin, aber eine eigene Domain? Wie lange lässt die Gesellschaft dich ein Kind sein? Was für einen Mann, eine Frau wirst du finden, wenn überhaupt? Du wirst dir nicht vorstellen können, dass es eine Zeit gab, in der die Männer den Job der Ehefrau ohne ihre Zustimmung kündigen konnten. Dass man Freunde nur auf der Straße zum Spielen traf, statt mit Facebook-Freunden zu chatten, was du womöglich eh schon von gestern findest. Statt einer Haushaltshilfe räumt vielleicht ein entzückender Computer bei dir auf. Womöglich wird ein gewisser Alfons Schwarzer eine »Men's-lib«-Bewegung gründen, um Männern wieder zu mehr Selbstvertrauen und Selbstbestimmung zu verhelfen.
Was auch immer: Du bist nicht allein. Versprochen.

Die Bertelsmann-Stiftung hat 2007 gemeinsam mit der damaligen Familienministerin Ursula von der Leyen eine Publikation unter dem verheißungsvollen Titel *Familie gewinnt* herausgegeben, eine Ansammlung von Essays zu Familienfragen. Der Autor Hans Bertram beschreibt darin den Übergang vom »industriegesellschaftlichen« Familienmodell, das dem Prinzip der Arbeitsteilung auch in der Familie (Vater verdient das Geld, Mutter übernimmt Erziehung und Fürsorge) folgt, wieder hin zum »Agrarmodell«, das sich an den alten, landwirtschaftlich geprägten Strukturen orientiert und die Erwerbsarbeit beider Partner voraussetzt. In den USA begann dieser Wandel früher, in Deutschland setzte er in den Siebzigerjahren ein. »Parallel zu dieser Veränderung verläuft die zweite demokratische Transition: die zunehmende Integration von Frauen und Müttern in die neu entstehenden Dienstleistungsbereiche, etwa im Finanzsektor, im Bereich der sozialen Dienstleistungen, des öffentlichen Dienstes ... bis hin zum Rechts- und Steuerwesen des Staates«, notiert der Autor. So weit, so gut. Dann kommt der ernüchternde Satz: »Der ökonomische Erfolg und die Effizienzsteigerung der Volkswirtschaft wurden in allen Industriegesellschaften dadurch erreicht, dass insgesamt die Zeit für Bindungen ... für Fürsorge gegenüber der Präsenz im Bereich der Ökonomie deutlich reduziert wurde.«

Bertram zitiert die Wissenschaftlerinnen Arlie Hochschild und Nancy Folbre, die auf die naheliegende Frage: »Wo bleiben da die Kinder?« zwei Betreuungsmodelle benennen. Zum einen »cool modern«, soll heißen, Betreuung wird als Dienstleistung eingekauft. Allerdings könne gekaufte Liebe die Solidarität zwischen den Geschlechtern und zwischen den Generationen nicht wirklich ersetzen, denn Fürsorge und Bindungen machen »care« erforderlich. Jenes englische Wort, das »nicht nur den Begriff Fürsorge enthält, sondern auch immer die Vorstellung von einer persönlichen Beziehung, die das Vertrauen und die Verlässlichkeit dieser Beziehungen stützt.« Dies ist, im Gegensatz zum »cool modern«, die »warm modern«-Variante.

Wie immer im Leben glaube ich auch in diesen Fragen nicht an »Ent oder Weder«. Familien sind ein Gesamtkunstwerk, da bedarf es der Flexibilität. Kalt und warm, »cool and warm modern« … beides muss hier und da mal sein. Jede Mutter mit kleinen Kindern (und auch die Väter) kennen die Situation: Die Arbeit (Kino, ein Dinner, Zahnarzt …) ruft, die liebevolle Ersatzbetreuung steht bereit, aber das Kind wirft sich mit allergrößtem Weltschmerz ans Bein, klammert sich fest und weint bitterlich. Irgendwie reißt man das Kind und sich selbst los, verlässt mit Blei im Bauch Haus, Wohnung, Kindergarten, Hort. Hadert mit sich, zweifelt, sorgt sich. Leidet noch fünf Ampelphasen später, während sich das Kind bereits wieder köstlich amüsiert. Endet doch in den meisten Fällen der Schmerz, sobald die Tür ins Schloss gefallen ist. Aus den Augen, aus dem Sinn. Das können Kinder viel besser als Eltern.

Ich habe mir immer Hilfe gesucht. Netzwerke unter Müttern, Legionen von Babysittern, zwischendurch ein Mal eine Haushälterin. Für die Schularbeiten habe ich viele Jahre Oberstufenschülerinnen bezahlt: Ich wollte und konnte Mathe nicht (Physik ja sowieso nicht), wollte mich auch nicht ungeduldig mit den Kindern über Vokabeln und Übungen streiten. Das ist wie mit Bauklotztürmen und Sandkuchen, die können andere grad so gut aufbauen. Ich habe mich um die Aufsätze gekümmert, um Aussprache, Gemeinschaftskunde und um die Seelenfragen. Das schien mir wichtig. Ich war auch ewig Elternsprecherin, »Ausflugbegleitmutter«, Kuchenlieferantin,

Klassenrenoviererin, damit die Kinder sahen, was ich mit meinen Engagementpredigten meinte. Aber alles, was mir nicht wirklich wichtig für die Herzensbildung schien, habe ich gern »dazugekauft«. Es gibt Jahre, da geht das Gehalt scheinbar vor allem dafür drauf, dass man arbeiten kann. Ein Zukunftsinvestment. Keine Fehlinvestition.

Zu meiner Lieblingslektüre gehört neben Kriminalromanen die Shell-Studie, in der seit 1953 regelmäßig die Befindlichkeiten und Einstellungen der jungen Leute in Deutschland im großen Stil untersucht werden.
Auch von wegen: Früher war alles besser.
Die aktuelle, sechzehnte Shell-Studie liest sich wie Kamillentee. Heißt es doch gleich vorweg: »Die junge Generation in Deutschland bleibt zuversichtlich. Sie lässt sich weder durch die Wirtschaftskrise noch durch die unsicher gewordenen Berufsverläufe und Perspektiven von ihrer optimistischen Grundhaltung abbringen. Mit den Herausforderungen in Alltag, Beruf und Gesellschaft gehen Jugendliche auch weiterhin pragmatisch um. Prägend für diese Generation sind insbesondere eine starke Leistungsorientierung und ein ausgeprägter Sinn für soziale Beziehungen.«
Und weiter: »Gegenüber den Vorjahren ist die Familienorientierung sogar ein weiteres Mal angestiegen. Mehr als drei Viertel der Jugendlichen (76 %) stellen für sich fest, dass man eine Familie braucht, um wirklich glücklich leben zu können. Nicht nur die Gründung einer eigenen

Familie, sondern auch die Herkunftsfamilie genießt bei Jugendlichen großes Ansehen im Alltag … Hier findet eine große Mehrheit der Jugendlichen den notwendigen Rückhalt und die positive emotionale Unterstützung auf dem Weg ins Erwachsenenleben. So haben mehr als 90 % ein gutes Verhältnis zu ihren eigenen Eltern … Fast drei Viertel aller Jugendlichen würden ihre eigenen Kinder ungefähr so oder genauso erziehen, wie sie selbst erzogen worden sind.«

Schon in der vorangegangenen Studie von 2006 zeigte sich, dass »Jugendliche nicht nur ein grundsätzlich positives Verhältnis zu ihrer Elterngeneration, sondern auch zur Großelterngeneration« haben. Zwar beschlichen sie »einige Sorgen, wenn sie an den zukünftigen finanziellen Lastenausgleich zwischen den Generationen denken, aber ihre grundsätzlich positive Einschätzung den älteren Generationsangehörigen gegenüber beeinträchtigt das nicht«.

2002 hatte sich zum ersten Mal die »Umorientierung in den Wertepräferenzen der jungen Generation« abgezeichnet, beschreiben die Autoren der Studie Mathias Albert, Klaus Hurrelmann und Gudrun Quenzel. »Der jahrzehntelange Trend zu den ›postmaterialistischen‹ Orientierungen, bei denen die Selbsterfüllung, Lebensgenuss und Hedonismus im Vordergrund stehen, wurde von den jungen Leuten gebremst … Sie wandten sich wieder stärker den ›materialistischen‹ Orientierungen zu, die mit Fleiß und Konzentration, Ordnung und Sicherheit verbunden sind.«

Vier Jahre später verstärkte sich dieser Trend und hält an.

Es macht mich fassungslos, wenn mancher Alt-Linker heute den jungen Leuten bürgerliche Bequemlichkeit und mangelndes politisches Revolutionsbewusstsein vorwirft. Rühren doch viele Probleme unserer Zeit auch daher, dass in den Siebzigerjahren die gesellschaftlichen Weichen so radikal umgestellt wurden und der Zug in eine ideologische Glaubensrichtung gelenkt wurde. Und wer nicht mitfahren wollte, war ein Spießer. Ich bin an der Uni in Hamburg vermöbelt worden (mal wieder!), weil ich keinen Bock auf Streik hatte und auch keine Zeit. Ich hatte andere Prioritäten. Jüngere Geschwister zum Beispiel. Einen mir völlig fremden Professor sollte ich duzen, und sein wissenschaftliches Wohlwollen hing davon ab, ob wir auch alle schön nach Brokdorf zur Demo fuhren.
Sekundärtugenden? Pah! Familie? Puh! Erziehung? Ach, wie reaktionär! WIR? Och nö! Besser: ICH. Und den Rest erledigt der Marsch durch die Institutionen.

Heute frage ich mich oft, wie es kommen durfte, dass zum Beispiel in den großen Hochhäusern so viele alleinerziehende überforderte Mütter gleich neben vereinsamten alten Frauen leben und die sich nicht zusammentun. Ab und zu mal tauschen. Kind gegen Zeit. Für einen Kaffee mit der Freundin, gegen Tristesse vorm Häkeldeckchen. Und wenn die Oma und das Kind dann schlechte Sendungen sehen und zu süße Kekse essen?? So what?

Natürlich ist das Leben nicht so einfach, die Umstände erst recht nicht, die Globalisierung ein eiskalter Geselle. Doch gerade deshalb taugen die Ich-Rezepte nicht mehr für eine gesunde Gesellschaftsernährung. Was aber nicht heißen darf, dass nur andere kochen sollen. Das Leben ist kein Restaurant. Und ich fürchte, wir haben uns zu sehr an Imbissbuden gewöhnt.
Emanzipation musste sein, in jeder Hinsicht, ohne Zweifel, nicht nur für Frauen. Aber es wurde dann eben nicht nur das Kind mit dem Bade ausgeschüttet, sondern das Bad gleich mit rausgerissen. Aber nun läuft eine neue Wanne ein. Und das Wasser hat eine gute Temperatur.

Lass dich also nicht beirren, kleiner, werdender Mensch.
Deine Mutter hat mal genervt gesagt: »Mama, wir sind so anders.« Da kam sie als Teenager frustriert aus der Schule, weil sie erneut als »Schleimerin« angemacht worden war dafür, dass sie doofe Lehrer grüßte. Ich konnte ihr die Last nicht nehmen, nur erklären, dass Höflichkeit und Anbiederung nicht miteinander verwandt sind. Und dass ich leider darauf bestehen würde, dass diese Höflichkeit weiterhin gepflegt wird.
Einmal haben wir zwei Instrumente heimlich morgens um sieben in ihre Schule geschleppt. Damit es keiner merkt. Es war eine dringend benötigte Spende, wurde aber als Bestechung beargwöhnt. Bei der schnörkellosen Abiturfeier beendete die Direktorin ihre Rede mit den Worten:

»Wer seine Bücher noch nicht abgegeben hat, bekommt kein Zeugnis!« Meine Güte, war das ein Rauswurf!
Es tut mir bis heute leid für Anna, dass ich erst später und damit nur für die anderen Kinder den Zugang zur deutsch-amerikanischen John-F.-Kennedy-Schule entdeckte. Nicht nur die emotionsgeladene Art, wie dort Abschlüsse in bester Talar-Lust und Anerkennung zelebriert werden, gibt den Schülern das gute Gefühl, gesehen zu werden. Auch die Haltung – generell und ganz besonders dem Engagement gegenüber – stimmte einfach. Orientiert am Kennedy-Diktum: Frag nicht, was der Staat für dich tut, sondern was du für den Staat tun kannst.
Das ist eine gute Richtung, mein schon jetzt sehr geliebtes Enkelkind.

Mittwoch, 8. Dezember – Vereinbarkeit

Keine Lust mehr im Büro. Akku leer. Rufe meinen Lieblingsfriseur Udo Walz an, er hat gerade Zeit. Statt nachzuschneiden, schneidet er Kurzhaar. Wir haben einen Mordsspaß dabei. Und ich keine Hintergedanken, keine Lebenskrise, nur Langeweile beim Blick in den Spiegel. Zufällig kommt Barbara Becker herein, als ich gerade gehen will. Wir kennen uns, mögen uns. »Tolle Frisur! Du siehst so jung aus!«

Ich muss es gleich wieder herausposaunen: »Ich werde Großmutter!«
»Ach«, ist alles, was sie dazu sagt. Ihre Jungs sind noch nicht so weit, dass es ein Thema für sie wäre.
So jung? So alt?
Natürlich werde ich älter. Bin froh, dass ich jung war, als die Kinder kamen, da hatte ich schließlich viel mehr Kondition und Nerven für ein schlafloses Leben unter den vielen Hüten. Irgendwann habe ich dann ein ganzes Jahr fast nur geschlafen, alles nachgeholt. Das ist die gute Botschaft, liebe Kleinkindmütter. Ich habe im Kofferraum vom Passat-Kombi Texte in die Schreibmaschine gehackt und der »Aufnahme« in der Redaktion diktiert, denn viele Kinder haben viele – kurze – Termine, und alles außer Warten vor Ballettschulen, Hockeyplätzen und Tennishallen machte keinen Sinn.
Ich habe am Schreibtisch geschrieben, während zu meinen Füßen Barbie und Ken brabbelten und sich umkleideten, habe am Bügelbrett Telefoninterviews geführt. Journalismus ist ein guter Beruf für Mütter. Und inzwischen ist die Technik ja so viel weiter! Als ich anfing bei der *Welt* in Hamburg, schrieben die Sekretärinnen noch Telexe. Heute weiß kein junger Mensch mehr, was das ist. Das Faxgerät war noch nicht erfunden. Der Laptop? Häh? Internet?? Gabriele hieß die Gute, die uns viele Jahre begleitete und Durchschlagpapier einsog. Eine kleine mechanische Schreibmaschine mit widerspenstigen Tasten. Bis heute schreibe (besser: hacke) ich mit vier Fin-

gern. Alle anderen schafften es nicht, die sperrigen Hebel herunterzudrücken.
Heute macht die Technik längst alles viel bequemer, räumlich unabhängiger. Und ich bin froh. Auch darüber, dass keine Kinder mehr unter meinem Schreibtisch hocken. Und dass sie es taten, als ich mehr Kraft hatte. Eben: als ich jünger war.

Das Timing hatte noch einen anderen Vorteil: Als sie herangewachsen waren, war ich jung genug, um noch Karriere zu machen. Mir fehlt dieser Aspekt in den Diskussionen um Vereinbarkeit von Beruf und Familie.
Und um diese Vereinbarkeit endlich hinzukriegen, müssen dringend endlich die Rahmenbedingungen verbessert werden. Allen voran die Kinderbetreuung und vor allem die Schulen. Warum ist es keine Selbstverständlichkeit, dass ein Land, so reich wie unseres, Schulen vorhält, an denen die Kinder wirklich gut aufgehoben sind? An denen sie nicht nur mit Bildung beworfen werden, die an dem einen halt besser und am anderen schlechter kleben bleibt, Hauptsache, wir haben sie abgeworfen? Warum gibt es nicht verbindlichen Musik- und Gesangsunterricht, Chor, Theater, warum kein anständiges Essen, warum keinen Stil-Unterricht, warum keine Sport-Vielfalt am Nachmittag? Warum keine flächendeckende Schulkleidung, Fürsorge, Aufmerksamkeit? Eben »Care« im Sinne von persönlicher, warmer Betreuung? Alles und jedes muss immer wieder zum TÜV. Aber Lehrer und Erzieher?

Ja, ich weiß, es gibt Ausnahmen. Unsere Kinder hatten auch Glück. Aber warum muss es Glück sein, an die richtige Schule, an die richtigen Lehrer, an die richtige Betreuung zu geraten? Wenn man als Kind womöglich schon nicht das Glück hat, an die richtigen Eltern geliefert zu werden?
Und ja, viele Eltern müssen erst wieder lernen, ihre Kinder auch selbst zu erziehen, statt Lehrer, die in der Ausbildung auf die ungeahnten persönlichen Anforderungen nicht vorbereitet werden, zum sozialen Sisyphos zu erklären. Pädagogen-Bashing bringt es nicht. Die Universitäten bilden Gelehrte aus, nicht Pädagogen. Wir müssten also auch dort ansetzen.

Nur: Kinder haben keine Zeit zu warten. Es bedarf keiner Ideologie, keiner Bundesland-Egos und ewiger Experimente, um sie auf den richtigen Weg zu geleiten. Man muss sie wollen, mögen, fördern und fordern. Sie erkennen, ihnen Zeit geben, im doppelten Sinn.
Wir wissen es alle. Und tun zu wenig.

Wie lange noch bleibt Schule wohl »Gedöns«? Soll keiner sagen, das wäre nur ein verächtlicher Schnack von Exkanzler Schröder zum Familienressort gewesen. Wenn wir Bildung und Kinder in unserer Gesellschaft nämlich wirklich ernst nehmen würden, so ernst wie Wirtschaftspolitik oder Fußball, wenn Ideologie, Politik und Länder-

hoheitsgeschacher sich endlich zurücknehmen würden, Platz machten für Pragmatismus, Klugheit und Lebenserfahrung, dann wäre schon viel geholfen. Wer hat schon heute noch Eltern, die zwischen Hockey- und Ballettfahrten im Kofferraum arbeiten können?
Aber sollen Kinder deswegen nicht zum Sport?
In welchem Experiment wird wohl meine Enkelin aufwachsen müssen?

Der andere Aspekt, der mir fehlt in der wiederbelebten Diskussion um die Vereinbarkeit von Beruf und Familie, ist jener: Allenthalben ist zu lesen, dass Frauen nicht wirklich gleichzeitig Führungspositionen und kleine Kinder haben können. Richtig. Glaube ich auch nicht. Das ist ein Mordsstress für alle Beteiligten. Ungesund für Körper und Seele. Aber warum sollen Frauen in Führungspositionen kleine Kinder haben? Warum nicht idealerweise erst Kinder und einen Job und dann, wenn die Kinder größer sind, die Führungsposition? Wenn wir ohnehin bald bis siebzig arbeiten, sind doch nach der Ausbildung noch Jahrzehnte Zeit für die große Karriere? Selbst wenn der richtige Partner erst später auftaucht. Es gibt überhaupt keinen Grund, alles gleichzeitig zu leisten. Es gibt nur falsche Rituale und Signale. Von der Gesellschaft, vom Arbeitsmarkt und auch von Frauen untereinander.
Ursula von der Leyen hat erst sieben Kinder bekommen, mit angezogener Handbremse gearbeitet und ihrem Mann

den Rücken freigehalten. Dann hat sie die Karriere-Rakete gezündet. Sie konnte es sich erlauben (und nein, es geht eben nicht vor allem um die Finanzen!), das mit noch recht kleinen Kindern zu tun, weil sie Hilfe hatte, Rückendeckung von ihrem Mann und als Großfamilienspross von der Kindermenge nicht so irritiert war wie die einzelkindkonditionierten Beobachter.
Die wenigsten Frauen haben so viele Kinder. Aber das »Prinzip von der Leyen« trägt ganz gut. Weil es zeigt, was möglich ist, und weil es beim Karrierethema auch auf die ganz persönlichen Verabredungen innerhalb der Familie ankommt. Und selbstverständlich auch um die gesellschaftspolitischen: Aufstiegschancen dürfen nicht ans Alter gekoppelt sein. Meine Enkel werden womöglich hundert Jahre alt. Da lassen sich eine Menge Kinder *und* Arbeit *und* Freizeit unterbringen.

Weiblich, geboren 1957

Mit den kurzen Haaren sehe ich also jünger aus. Wie genau? Sollte ich den Leuten von der Krankenkasse mal ein aktuelles Foto schicken?
Es fing Weihnachten 2006 an. Da lag in der Post ein Umschlag von der Gothaer, ich erwartete wie immer zum Jahreswechsel ein höfliches Schreiben, das »leider, die

Umstände, die Zinsen, die anderen«, kurz: eine kräftige Beitragserhöhung ankündigte. Völlig unvorbereitet traf mich deshalb fett gedruckt: »Unfallversicherung Aktiv 50 plus! Hier erhalten Sie ein spezielles Leistungspaket für Menschen ab 50. Ein Angebot, das älteren Menschen hilft, den Alltag zu meistern!«

Holla! Der Tag der Tage stand doch erst in drei Monaten auf dem Programm! Und was soll das eigentlich heißen: das *älteren* Menschen hilft? Bis auf das Video-Programmieren komme ich noch gut zurecht, danke.

Ich wurde doch erst fünfzig! Und doch: Plötzlich liest man Dinge, die man nie gelesen hat. Fühlt sich beispielsweise angesprochen von der Rubrik »Das hilft bei älter werdenden Haaren«. Dabei hatte ich schon als Teenager die Symptome von uraltem Haar.

Der Sänger Wolfgang Niedecken sagte neulich im Fernsehen: »Das Gute am Älterwerden ist, man hat Erfahrungen und wird gelassener. Geht geistig erst noch einmal um den Block, bevor man sich aufregt.« Dafür braucht man nicht einmal einen Hund.

Aber Wolfgang Niedecken liegt jetzt mit einem Schlaganfall im Krankenhaus, und das ist mehr als traurig.

Auch forever-fit Jane Fonda, die jenseits der siebzig tatsächlich vor Energie und Selbstironie sprüht und auch bei naher Betrachtung als Tischnachbarin sensationell aussieht, lobte im *Time Magazine* die Gelassenheit des Alterns: »Es ist wunderbar. Das natürliche Herunterfahren, das mit dem Alter kommt, ist wirklich wichtig. Einer der Gründe, warum Ted Turner und ich uns trennten, war der, dass er nicht herunterfahren konnte. Ted lebt horizontal, bewegt sich so durch sein Land und die Welt – getrieben von Dämonen, nehme ich an. Ich wollte vertikal leben, sagte es ihm, aber er konnte sein Verhalten nicht ändern.« Sie aber auch nicht. Und rein optisch betrachtet, hat sie die bessere Entscheidung getroffen.

Geboren 1957. Das ist die Generation »Weder – Noch«. Geboren zu einer Zeit, als das Schlimmste vorbei war und Zuversicht das Denken prägte. Zu jung für die Revolte, zu alt für gesellschaftlichen Stillstand. Wir hatten keinen Hunger, aber bis heute im Ohr, dass man Brot nicht wegwirft. Wir hatten Sonntagskleider und kratzige Wollunterhosen und wollten in der Schule zu den Bestimmern gehören – Worte wie cool und Markenbewusstsein behinderten uns nicht dabei. Lassie war unser Freund und Italien irre weit weg. Wir studierten, was uns lag, weil der Markt uns schon irgendwie brauchen würde. Wir hatten den Aufstieg vor uns, nicht das Tal. Wir hatten Spaß, von dem unsere Eltern nur träumen konnten und deswegen manchmal Albträume hatten. Wir mussten mit den Problemen unserer Eltern klarkommen, aber aus einer weitaus

komfortableren Lage heraus als sie. Wir konnten als Teens und Twens wunderbar feiern. Unbeschwertheit war unser Gast, wir kannten kein Aids. Wir hatten es wirklich gut.
Als Kind träumte ich davon, wie toll es wäre, wenn jemand meine Lieblingssendungen *Die kleinen Strolche* und *Augsburger Puppenkiste* irgendwie aufbewahren könnte, damit man sie immer wieder gucken könnte. Heute unterhalte ich mich mit den Kindern in den USA am Computer über Skype und sehe sie auch noch dabei.

Fünfzig, das waren die alten Tanten. Ich versuche, mich zu erinnern, wie meine Mutter in dem Alter war. Ich weiß es nicht mehr. Doch bestimmt war es schwieriger für sie als für uns heute. Auch sie war immer jünger, vom Typ, äußerlich und vor allem in ihrer Geisteshaltung. Aber heute sind wir es tatsächlich. Wir sind eine fitte Generation, auch wenn wir es manchmal nicht glauben oder leben mögen. Wir haben uns für die Frauenbewegung engagiert, wenn's grad passte, aber auch schon voll von ihr profitiert. Wir haben Chancen wie kaum eine Generation zuvor und konnten uns erlauben, sie zu vertun. Politiker dürfen dröhnen: Ich trage die volle Verantwortung – ohne es zu erfüllen.
Ich halte es nicht für beunruhigend, dass an der Spitze der Dax-Unternehmen kaum Frauen agieren. Sie hätten die Möglichkeit, da gibt es seit Angela Merkel kein Vertun, aber wer sagt denn, dass die Quote an der Spitze tatsächlich als Gradmesser der Emanzipation taugt? Entscheidend ist

doch, die Wahl zu haben. Dafür danke, Alice Schwarzer. Ich empfehle ihre Memoiren.

Frauen sind breiter angelegt, und ich meine grad nicht den Hüftbereich, sondern den Dreiklang Kinder, Küche, Karriere. Warum sollten wir uns das eigentlich verleiden lassen? Nicht die Männer sind für unser Leben verantwortlich. Nicht mehr. Nur wir allein. Und wir dürfen entscheiden, wie viele Ks wir wollen. Die Männer dürfen das selten.

Ich zweifle auch nicht länger, ob ich eine gute Mutter bin, weil ich immer und gern gearbeitet habe. Die Kinder haben mir die Zweifel genommen, nicht die Diskussionen. Ich will nicht hadern mit gewissen Verfallserscheinungen. Dafür wachsen andere Kräfte nach. Und für den Rest gibt es gute Cremes und Klamotten vom Designer. Wir werden nämlich nicht älter, nur teurer … Und besser sowieso. Wir haben nichts zu meckern. Wir sollten genießen. Und die Freude weiterreichen.

Das macht schön. Danke schön!

Dienstag, 14. Dezember

Mail von Anna

Es ist nicht zu fassen: Schon wieder, wenn wir in Miami sind, spielt das Wetter verrückt. Wir haben heute nur 4 Grad, wir sit-

zen mit Decke auf dem Sofa und frieren. Gestern waren wir in der Outlet Mall. Übrigens eine saudoofe Idee, schwanger in die USA zu fahren, schränkt die Auswahl enorm ein. :-))
Traue mich nicht, Baby Sachen zu kaufen. Kommt mir alles noch so unwirklich vor ...

Mir auch. Und doch ist das Gefühl schon präsent. Ich werde Vergessenes wieder lernen müssen, denn ich möchte Fragen beantworten können. Wie heißt dieser Vogel, jene Blume, warum zischt das Meer nicht, wenn die Sonne eintaucht? Warum? Warum? Warum? Wieso? Wieso? Wieso? Und dann? Und dann? Und dann?
Meine Güte, freue ich mich auf das Generve!

Ich habe einen Satz notiert, dessen Urheberrecht ich leider nicht kenne, aber er gehört in die Sammlung: »Ich habe Kinder, damit mir einer mal alles glaubt.«
Das ist lustig, klar. Aber vor allem eine Chance, die man nicht leichtfertig vertun darf. Es gilt nicht, Kinder zu manipulieren (oder nur ein bisschen), sondern sie ernst zu nehmen. Sie zu erziehen. Sie zu behüten und ihnen dabei zu zeigen, was man draußen braucht.
Der Mutterbonus ist ein kostbares Gut. Der Vaterbonus auch. Und der Großmutterbonus erst!

Einmal schrieb ich eine Reportage über ein Waisenhaus, das nicht mehr so genannt wird, weil es sozialpädagogisch unangebracht scheint. Vielleicht haben zu viele bei dem Begriff an Dickens' Romane gedacht. Ich auch, deswegen war ich gerade zur Weihnachtszeit dort. Einsamkeit ist gerade dann besonders kalt. Es war ein gutes Projekt, ein ordentliches Haus in Berlin. Ein sympathischer, noch nicht apathischer Leiter, der Gedanken und Gesten übrig hatte für die Kinder. Viele waren gar nicht deshalb Waisen, weil ihre Eltern gestorben waren, sondern weil ihre Eltern sie nicht haben wollten oder konnten. Weil ihre Zukunft zu Hause keine war. Ein Mädchen, Grundschülerin, nahm meine Hand, wollte mir gern das Zimmer zeigen, das sie mit einem anderen Mädchen teilte. Außer einem Kuscheltier schien es nichts Persönliches in diesem Raum zu geben. Auf meine entsetzte Frage, warum die Kinder denn gar kein Spielzeug hätten und was man denn da tun könne, erklärte der Leiter mit bittersüßem Lächeln: »Die Kinder bekommen Geschenke und Spielzeug. Aber einige schleppen eben alles an Besuchstagen sofort nach Hause.« So schlimm es ihnen dort auch ergehen mag, weil die Eltern Alkoholiker, gewalttätig oder noch Schlimmeres sind. »Aber es ist ihr *Zuhause*, und die Hoffnung, dass alles gut werden kann, stirbt sehr spät.« Nie werde ich dieses Zimmer und dieses Gespräch vergessen.

Wesentlich bestimmen Umgang/Freunde/Clique der Kinder die Bahn, auf der sie abrutschen können. Die jeweilige Peer-Group beeinflusst uns schließlich alle. Vor allem aber, wenn die Pubertät im Körper randaliert. Was allerdings nicht zwingend sein muss. Wie nicht jedes unruhige Kind gleich das heutzutage offenbar so »beliebte« ADS-Syndrom hat und Medikamente braucht und nicht jeder Bauchschmerz von einer Laktose-Intoleranz herrührt, so sollten auch Hormone nicht als Pauschalerklärung gelten. Man muss schon genau hingucken. Beobachten. Von Anfang an. Man kann als Eltern die Bahn abstützen. Und Helme und Anschnallgurte an alle verteilen.

Wir hatten es gut. Haben es gut. Nicht einmal aus den Hormonjahren sind echte Ausfallserscheinungen zu berichten. Von Annas missglückter Blondierung vielleicht abgesehen. Aber das war nicht ihre Schuld. Wir haben die Tönung zusammen bei Woolworth gekauft. Anna wollte Brombeere wie ihre Freundinnen. Ich fürchtete um ihre schönen goldenen Haare, manipulierte sie zum Blond, ahnte ja nicht, dass daraus Kotzgrün wird. Bis ein gellender Schrei aus dem Bad kam. Statt zur Schule habe ich sie am nächsten Morgen zum Friseur gebracht, das war das Mindeste. Es spricht für ihren guten Charakter, dass sie nicht mit Brombeer zurückkam, sondern mit schönen hellen Strähnchen.

Bitte denken Sie nichts Falsches von unseren Kindern! Sie sind das Gegenteil von Langweilern. Natürlich haben sie Unfug getrieben, ganze Sau-Herden rausgelassen. Aber eben nie die Basisregeln gebrochen. Nie gezündelt, nie mutwillig zerstört, nie betrogen.
Auch bei uns wurde gestritten, geweint, gebrüllt, bestimmte Hektik den Alltag, nicht Langmut. Aber wir sind immer eine Mannschaft gewesen.
Weil unsere Kinder so prima sind, werde ich manchmal gefragt, wie das gelingen konnte. Ich weiß es nicht. Es ist ihr Verdienst. Ich kann nur dankbar sein. Und ein bisschen erzählen.

Kinderwelt

Erzählen kann ich zum Beispiel von der Kinderwelt und der Elternwelt. Die haben wir nämlich getrennt gehalten und gegenseitig respektiert. Ins Reich der jeweils anderen gab es nur auf Einladung Einlass. Nicht dogmatisch, natürlich. Aber eben generell. Kinder klopfen an Schlafzimmertüren, Eltern klopfen an Kinderzimmertüren. Kinder lesen nicht die Post der Eltern, Eltern aber auch nicht einfach die der Kinder. Kinder dürfen sich in der Elternwelt nicht schlecht benehmen, Eltern nicht in der Kinderwelt.

Klappt natürlich nicht immer. Vor allem von Elternseite. Ich weiß das gar nicht mehr, aber Anna erinnert einen Eltern-Sonderabend in der Schule. Es ging um Drogen, die Schüler waren auch dabei. Es wurde heftig diskutiert und ich, ahnungslos, fragte wohl irgendwann, ob Gras dasselbe sei wie Hasch. Eine Vollidiotenfrage vor diesem Publikum. Anna wurde nur mitleidig angeguckt von den Mitschülern. Dass es nicht zu peinlich für sie wurde, war reiner Zufall. Die jungen Leute wurden nämlich zunehmend unruhiger, und das nervte in diesem eh schon aufgeladenen, stickigen, vollen Klassenraum. Also drehte ich mich um zu der Gruppe und setzte den Blick auf. Den habe ich von unserer Mutter geerbt. Er sorgt umgehend für Ruhe. Auch an jenem Abend. Anna wurde prompt dafür bedauert. Nicht länger für die ahnungslose Mutter. Puh, gerade noch mal gutgegangen. Unter Teenagern gelten andere Währungen. Voll peinlich. Das will man wirklich nicht sein.
Voll cool aber eigentlich auch nicht. Jedenfalls nicht als Mutter. Das Eis ist zu dünn.

Wir hatten also klare Regeln. Die hatten viel mit dem zu tun, was ich für erklärbar hielt, weniger mit prinzipiellen Standards. Es gab eben im übertragenen Sinn das Geländer, das den Weg ins Größerwerden markierte. Dazwischen konnten sie gern hin- und herflitzen, durften aber auch nicht ständig quengeln, wenn sie dabei ausrutschten. Und: Augen zudrücken ist nicht das Gleiche wie antiautoritär.

Sie hatten ihre Aufgaben, wir unsere. Geld kommt nicht aus dem Bankautomaten, wenn man es nicht vorher aufs Konto gebracht hat. Schule ist wie Arbeit, kann also nicht einfach ausfallen, weil man sich grad nicht so fühlt oder die Nacht zuvor sehr lang geworden ist. Dafür haben auch Kinder Anspruch auf Wochenenden und freie Zeiten, die nicht von fremder (Eltern-)Hand durchgestylt sind.

Überhaupt kann ich nur abraten vom ewigen Druck, ganz generell zu Hause und vor allem von den Manager-Terminkalendern für Schulkinder. Sie müssen nicht jeden Tag noch extra gefördert und dauerbeschäftigt werden. Beim ersten Kind habe ich noch ziemlich viel in die Woche hineingepackt. Dann fiel mir auf: Sie hat keine Zeit, ein Kind zu sein. Das schien mir gemein.

Ein Sport ist wichtig, *ein* Instrument ist gut. Aber dann *ist* auch gut. Perfektion hilft uns allen nicht. Klar, ein Chirurg, der am offenen Herzen operiert, soll bitte perfekt sein, eine Fluglotsin auch gern. Aber generell: Gerade wir Frauen machen uns doch gegenseitig verrückt mit all den Anweisungen und Erwartungen, wie wir zu sein haben, unsere Kinder, unsere Männer. Vor allem mit all den Dingen, von denen wir glauben, sie seien nötig für ein perfektes Leben. Hey, Entspannung ist nicht nur beim Yoga angesagt!

Das ist übrigens ein wunderbarer Nebeneffekt des Älterwerdens: Mögen Zellstrukturen ver- und Haare ausfallen, die Gelassenheit wächst. Will jedenfalls wachsen.

Wenn ein Kind sich nicht in seinen Lego-Welten, der Fantasie oder vor dem Fernseher verlieren darf, weil keine Zeit dafür ist, wenn es so unter Stress steht, dass Langeweile keine Chance hat, wie soll es dann so ruhig bleiben, dass kein Zappelphilipp-Syndrom diagnostiziert wird? Man muss sie bisweilen einfach in Ruhe lassen. Denn selbst heute ist es so, dass ein Einser-Abschluss allein nicht automatisch zu einem guten Job führt.

So wie man Babys das Schlafen am besten beibringt, indem man nachts nur das Nötigste und am besten im Dunkeln anbietet, so halte ich es für sinnvoll, wenn Familien nach dem Wochenend- und Höhepunkte-Prinzip leben. Unter der Woche wird der Job/Kindergarten/Schule anständig erledigt, da kann dann abends auch gern der Kassettenrekorder oder die CD vorlesen. Samstag und Sonntag sind die besonderen Tage. Da lernt man spielen, kochen, wandern, feiern, basteln, faulenzen, aufräumen, Quatsch machen.
Wir haben manchmal ein Fritteusen-Wochenende veranstaltet. Unter großem Hallo jeden Mist eingekauft, den man in siedendes Öl werfen kann, und mit dem wohligen Gefühl, etwas völlig Unsolides zu tun, das Zeug gefuttert, bis uns die Mayonnaise aus den Ohren kam. Manchmal habe ich Angst, dass solche Dinge bald gesetzlich verboten werden. Bestimmt formiert sich schon eine Bürgerinitiative in Berlin Prenzlauer Berg.

Wir haben morgens früh bei doofem Wetter und doofem Tag auf dem Weg zur Schule zusammen davon geträumt, einfach weiterzufahren nach Sylt und es dort gemütlich zu haben. Das half. Weil wir alle die gleiche Sehnsucht hatten. Keiner war allein.

Ich kann nölen nicht leiden, liebe aber gute Argumente. Und wenn ein knapp Fünfjähriger ernsthaft erklärt, dass er a. nicht in den Kindergarten gehen kann, weil sich in der Playmobil-Welt in seinem Zimmer ein großes Drama abgespielt hat und viele Indianer dabei ums Leben gekommen sind und dringend begraben werden müssen, weil, o Schreck, die Geier schon kreisen, und er deswegen b. natürlich unbedingt noch mehr Soldaten braucht, weil die zehn, die noch überlebt haben, gar nicht all die Toten würdig begraben können. Na, was macht man da? Richtig: Man setzt sich samt Sohn ins Auto, rast statt zum Kindergarten ins nächste Spielzeuggeschäft, kauft eine weitere Packung Playmobil-Soldaten und gleich noch den Leiterwagen dazu und lässt den Kleinen in aller Ruhe Ordnung schaffen. Ist doch logisch!
Nein, ich war nicht immer konsequent. Und wir hatten sehr viel Spaß dabei. Auch weil die Kinder die Konsequenz nicht dauernd einforderten. Wir konnten, bis heute, immer zusammenhalten. Wir haben manchmal sehr viel geredet und manchmal einfach nur ausgehalten. Ich habe sie nie

betrogen und sie mich auch nicht. Mir ist keine Mühe zu viel für sie. Nie. Weil ich nicht finde, dass es Mühe ist. Sondern richtig. Eltern geben, Kinder nehmen. Dann teilen sie, und eines Tages dreht es sich um. Ich bin immer überall hingefahren, hingeflogen, wo sie mich brauchten, versuche bis heute ein ruhiger Ratgeber zu sein.
Und wenn ich sie bitte, mir zu helfen, dann sind sie da. Oder einfach so. Kann man mehr retour haben?

Selbstverständlich war ich auch eine schlechte Mutter. Ich hab ja immer gearbeitet. Und das auch sehr gern. Da vergisst man auch schon mal, dass kleine Kinder irgendwo auf einen warten. In der Umkleidekabine der Ballettschule, im Tütü auf der winterlichen Straße, auf dem Hockeyplatz, vor der Schule. Oder ein kleiner dünner Junge vor dem Hort …

Wuschsch!!, fuhr es in mich beim zufälligen Blick auf die Uhr. Sämtliche Haare sträubten sich, Adrenalin tobte: Es dämmerte bereits, Raum und Zeit hatten sich in der Redaktion aufgelöst. FÖHÜNF!!! Seit einer halben Stunde sollte ich den Kleinen am Hort abholen!! Schwitz. Ich raste los, der Berliner Süden mit dem Hort ist weit von Mitte und der Redaktion. Ich fuhr, als hätte ich nicht längst schon genug Punkte in Flensburg. Die aufsteigende Übelkeit kam nicht vom Fahrstil. Schon zehn Minuten sind eine lange Zeit für Kinder (»Kennt man hinlänglich vom Autofahren: Wie viel ist eine halbe Stunde?«), der Hort war seit nun SECHZIG Minuten aus!! Und ich erst auf der Höhe von McDonald's. Ich kachelte in die Einbahnstraße, in der die Kindertagesstätte liegt, war auf alles gefasst, hatte irre Angst und fühlte mich grottentief schlecht für alle Zeit. Tue es heute noch, während ich das hier schreibe. Und da stand mein Kleiner, weinte nicht, sagte nur: »Mama, du bist ganz schön spät.« Schluck.

Noch schlimmer wurde es am nächsten Tag. Als andere, gute Mütter mir berichteten, dass sie ihn gefragt hätten, ob sie ihn vielleicht nach Hause bringen sollten. »Nein«, hatte er geantwortet. »Meine Mama kommt gleich.«

Eine Mutter war noch einmal zurückgegangen, sicherheitshalber. Und bekam wieder eine Abfuhr: »*Meine* Mama kommt gleich.« Er konnte ja nicht ahnen, dass *meine Mama* da noch versteckten PDS-Millionen hinterherrecherchierte. Das Einzige, was zum Glück stimmte: Ich kam tatsächlich. Joey hat die Geschichte schnell vergessen. Ich nie. Nackenhaare, legt euch!

Jungs

Unsere Jungs sind wirklich reizende, höfliche Wesen. Waren sie immer schon. Doch wer sie als voll bewaffnete

Partisanen erlebt hätte, die – ebenfalls voll bewaffnete – Frauen und Puppen im Garten angreifen, hätte womöglich die Polizei gerufen. Allerdings habe ich früh die Lektion gelernt. Natürlich legten wir zunächst die Waffen aller Playmobil-Cowboys beiseite. Mütter sind ja per se pazifistisch, und Frauen können Gewalt und körperliche Auseinandersetzungen nur schwer ertragen. Was auch gut ist. Doch wenn die Erziehung zu sehr feminisiert wird, dann hat das Konsequenzen. Mit drei lassen wir unsere Jungs noch als Ninja Turtle zum Fasching gehen, mit vier sollen sie nur noch »ei« machen bei dem lieben Jacob, der es bestimmt nicht böse gemeint hat, als er dir die Schaufel auf den Kopf knallte ... Mit sechs sollen sie schön ihr Zimmer aufräumen, statt all die bösen Soldaten rumliegen zu lassen. Wir sagen: Tob nicht so, schubs deinen Bruder nicht, kletter nicht dort hoch! Na ja, und irgendwann wundern wir uns, dass die Söhne nicht wissen, was ein Mann ist.

Und trotzdem: Es gibt einen Weg.

Wir hatten also keine Knarren. Bis eines Abends der Kleine stolz mit einem selbst gemalten Bild in die Küche kam. Ein Blutbad, quasi. Gewaltige Explosionen in jeder Blattecke, Panzer rollten. Oje. Mein Bruder bekam einen Lachanfall, prustete: »Nun gib seinen Playmo-Menschen schon die Gewehre wieder!«

Ich tat es. Wir kauften Panzer und all die anderen Dinge, die mir nicht geheuer sind. Sogar stinkende Militär-Tarnanzüge aus dem Secondhandladen, die ich viermal wusch, bevor sie – ach Mama, doch nicht gebügelt!! – ausgehändigt wurden an das Fußvolk. Mit vierzehn war bei allen Jungs diese Phase vorbei. Ohne Nebenwirkungen herausgespielt. Eine Zeitlang wurden noch über Kinderzimmer-Computernetzwerke hinweg irgendwelche Leute abgeknallt. Ich habe es nicht verboten, aber die Jungs wussten und respektierten, dass ich es nicht witzig fand. Deswegen hat es mich nicht beunruhigt. Und weil ich nicht ein einziges Mal wegen aggressiver Aussetzer in die Schule gerufen wurde.

Einmal kamen wir von einer Einladung, die Kinder waren allein zu Hause, wir verließen uns auf sie und konnten es auch, schon als sie klein waren. Mädchen und Jungs sind eine deeskalierende Mischung. Damals wohnten wir vorübergehend in einem Haus in Berlin, in dem die Kinder im Keller schliefen. An diesem Abend waren sie bei unserer Rückkehr alle in einem Zimmer, die beiden Mädchen hockten auf dem Bett, die drei Jungs hielten Plastikgewehre im Anschlag und tapfer vier widerliche, dicke schwarze Spinnen in Schach. Seit über einer Stunde schon, wie sie berichteten …

Ich kann keine dieser Geschichten vergessen. Die Kinder lachen darüber. Sie erinnern andere Details. Manchmal sitzen wir am Küchentisch und nehmen uns Erinnerungsauszeiten. Herrlich. Das ist wie die Filme gucken, die Omi Anneliese unermüdlich mit der Videokamera gedreht hat. Ich werde natürlich auch die Enkel einweihen …

Vertrauen

Nie habe ich geschimpft, wenn sie eine Arbeit versemmelt haben, im Gegenteil. Aber ich war genervt, wenn sie eine Fünf bekamen, weil sie die Schularbeiten nicht gemacht hatten. Das ist nämlich unnötig.
Sie durften schon in jungen Jahren, auch mit dreizehn, vierzehn, auf Partys so lange bleiben, wie sie brauchten. Warum sollte ich ihnen und mir den Stress einer Uhrzeit antun?
Aber das brachte natürlich Ärger mit anderen Müttern: »Ist das WAHR, dass ihre Tochter bis MITTERNACHT bleiben darf????!!!«, spitzte mich eine Stimme am Telefon in den Küchenboden. Ich fühlte mich plötzlich selbst wie zwölf. Doch sollte ich etwa ab 22 Uhr langsam hochkochen, statt vorm Krimi einzuschlafen? Bloß weil ich 22 Uhr angeordnet hatte? Wofür? Aus Prinzip? Nein, das stand in keinem Verhältnis. Nur U-Bahn durften sie spät nicht mehr fahren, höchstens in großer Clique. Manchmal habe ich sie abgeholt, manchmal teilten sie ein Taxi. Wenn das Fest gut war, blieben sie länger, wenn nicht, kamen sie frü-

her. So wie wir Alten es doch auch tun. Warum sollte ich meinen eigenen Kindern nicht vertrauen?
Natürlich hatte ich immer Angst. Bis heute bin ich am ruhigsten, wenn alle zusammen am Esstisch sitzen. Aber die eigene Angst darf keine Erlaubnis sein, dem Nachwuchs die Welt vorzuenthalten.
Auch mit Leichtsinn hat das nichts zu tun.
Wie oft wäre ich gern in voller Rüstung hinterhergeschlichen, wenn die kleinen dünnen Beinchen mit dem riesigen Ranzen darüber zur Schule staksten. Aber es wäre nicht richtig gewesen.

Einmal war ein »Mantelöffner« unterwegs in der Gegend; es hatte schon Krisengespräche an der Schule gegeben. Nini traf ihn natürlich. Kam wutentbrannt nach Hause. Dem habe sie aber mal die Meinung gesagt. Er solle sich gefälligst was überziehen, seinen Scheißmantel zulassen! Eine Unverschämtheit, kleine Kinder so zu erschrecken!! Und wenn er nicht abhaute, dann würde sie ihre große Schwester holen!! All das hatte sie ihm klipp und klar gesagt. Nini war sieben. Höchstens. Ich überlegte kurz, ob ich ihr doch die weißen Cowboystiefel schenken sollte. Der Typ wurde nicht mehr gesehen.

Eines Morgens sagte sie: »Mama, ich hätt so gern mal Krücken, das muss cool sein.« In Großfamilien hat man ja gern mal ein Extra. Mittags rief meine Schwägerin im Büro an: »Nini hatte einen Unfall in der Schule. Das Pult ist ihr auf den großen Zeh geknallt. Der ist jetzt Matsch. Ich hab sie ins Krankenhaus gebracht.« Sie brauchte mehrere Wochen Krücken, fand das nicht so cool. Da waren wir mit der Erfahrung auch durch.

Kinder sind eben keine artifiziellen Wesen. Sie sind keine Dekoration, keine Rentenversicherung, keine Ausrede, kein Beziehungskitt, keine Versöhnung. Sie sind wir und die Fortsetzung unserer Geschichte.
Ich habe großes Mitgefühl mit Leuten, die keine Kinder bekommen, und kein Problem mit denen, die keine Kinder möchten. Aber es wäre schon schön, wenn Kinder wieder etwas Selbstverständliches sein könnten. Nicht Anfang oder Ende von was auch immer, sondern Schwungrad unserer Zukunft.

Schwieger…

Sie wollen wissen, was man als Mutter denkt, wenn die Kinder mit ihren ersten Liebschaften nach Hause kommen? Daraus wird wohl leider nichts. Denn Mütter denken nicht. Mütter fühlen. Ungefähr so:

Eine ungeahnte Unsicherheit. Wieso bringt die älteste Tochter jetzt den mit? Ganz gut aussehen tut er ja, groß ist er auch, aber wirkt er nicht schrecklich trocken? Ohne Charme, leider. Ohne Antenne für Zwischentöne. Die aber ist Grundvoraussetzung für einen Platz im Rudel. Ohne Geld? Kein Problem. Ohne Humor? Keine Chance. Na ja, auf der anderen Seite, jetzt hat sie – Spätzünder wie ihre Mutter – endlich überhaupt mal einen. Immer nur all die guten Kumpel, das geht doch aufs Selbstbewusstsein. Und seine Familie ist ja auch ganz ordentlich.
Ein Einzelkind? Ach. Naja, das ist mal was ganz anderes als in so einer Meute wie bei uns. Immerhin segelt er gern. Das ist doch was für das norddeutsche Mutterherz. Und faul ist er auch nicht, er hilft nebenbei den Eltern im Geschäft. Schön.
Oje, jetzt frage ich tatsächlich: »Was machen denn die Eltern?« Genau die Frage, die mich bei meiner Mutter immer so genervt hat. Als wenn das wichtig wäre. Andererseits: Es geht ja nicht um Geld, sondern um den Geist, der dort herrscht. Segler kommen eben aus einem anderen Umfeld als Gewichtheber. Das muss man nicht schönreden. Außerdem ist dieser korrekte Typ hier sicher besser für die Süße als ein Filou. Oder würde gerade so ein Draufgänger unserer furchtbar vernünftigen Großen mal ganz guttun? Egal, irgendetwas hemmt die Sympathie für diesen einen hier. Ich glaube, ich sieze ihn einfach. Vorname und Sie. Das schafft Distanz, ohne abweisend zu wirken. Ist ja auch als Respekt aufzufassen.

Also, ich muss trotzdem sagen: So richtig glücklich wirkt das Kind nicht. Na, mal abwarten. Bloß keinen Druck machen. Das wird sich schon irgendwann erledigen.

Zwei Jahre später – oder waren es schon drei? – ist es geschafft. Na, was habe ich gesagt? Puh.

Und was glauben Sie, wie Muttern sich fühlt, wenn die neueste Eroberung des Sohns mit perfekt geföhnten, tief glänzenden Haaren, Superfigur, waffenscheinpflichtigem Dekolleté und hohen Schuhen in die Ferienküche geschritten kommt, wo Muttern selbst hingebungsvoll an der Spüle werkelt und immer noch nicht aus Nachthemd und A&F-Sweaterjacke rausgekommen ist (im Grunde auch keine Notwendigkeit dafür sah), seit vor Stunden der erste Kaffee durchlief? Da stellt sich doch sofort das Douglas-Gefühl ein: Egal wie schick man sich beim Verlassen des Hauses dachte, kaum steht man vor einer der perfekt gestylten Parfümeriefachverkäuferinnen, spürt man dringenden Pflegebedarf.
Andererseits, bin ich als gastgebende Mutter nicht im Vorteil? Ist dies nicht eine sportlich-handfeste Familie? Was würde die sagen, wenn ich morgens im Dior-Outfit die Erdbeeren schneiden würde?
Na, schau'n mer mal. Also erst einmal guten Morgen und willkommen. Der Junge ist ja so verknallt, wenn ich

jetzt zickig reagiere, wird er nur trotzig. Und mein ganzes Toleranzgerede klingt dann auf einen Schlag furchtbar unglaubwürdig. Mal sehen, was die Geschwister sagen. (Mein Mann gilt nicht, der liebt solche Dekolletés.) Bisher hat der Selbstreinigungsmechanismus der Kinder untereinander ja immer ganz gut funktioniert.

Ein Freund, eine Freundin, die so gar nicht zum Sound des Rudels passten, zogen immer irgendwann auf eine andere Lichtung. Das Verhalten entspringt nicht Vorurteilen, sondern Zugehörigkeitsgefühl. Auch eine Familie ist eine Peer-Group. Es ist auch nur ein ganz klein bisschen Mobbing seitens der Schwestern im Spiel ... Aber vor allem Sehnsucht nach Harmonie. Deswegen bleiben manche, auch wenn die Liebe zum Einzelnen endet, trotzdem in der Familie. Wäre doch zu schade! Ich gebe zu, es ist gar nicht so einfach, als Mutter verständnisvoll auf Seiten des Kindes zu sein, wenn es sich von einem LAB (Lebensabschnittsgefährten) trennt, den oder die man eigentlich besonders nett fand. Wir behalten ihn oder sie dann meistens einfach im Rudel.

Vor der Panik rund um »die erste Nacht« bleibt man in einer Großfamilie weitestgehend verschont, auch als Mutter. Der Vorteil (der manchmal auch ein Nachteil ist) liegt darin, dass sich die Aufmerksamkeit verteilt. Und wenn ohnehin viele Freunde der Kinder zum Erscheinungsbild gehören, dann ist der/die eine nicht so besonders im Fokus. Ich habe oft gedacht, wie das wohl sein muss für den »Neuen« in einem Einzelkind-Unternehmen. Mutti und

Vati sitzen erwartungsvoll am Frühstückstisch, sie hat extra das gute Silber aufgedeckt, und dann kommt das junge Glück nach einer dilettantischen ersten Nacht verkatert aus dem Kinderzimmer, und Mutti scannt Spuren der Veränderung im Gesicht der behüteten Tochter. Will man das?? Wohl kaum, weder als Eltern noch als Kind.
Aber was ist, wenn das Mädel unserem Großen den Kopf so verdreht, dass er denkt, er wäre glücklich, ohne es wirklich zu sein? So wie die gebaut ist? Wenn er sich absondert aus einer Verteidigungshaltung heraus, die Schotten dicht macht und im Schneckenhaus der Zweisamkeit den Kontakt zur Außenwelt, zu unserem Rudel verliert? Meine Güte, ich bin doch selbst eine Frau. Emanzipation rauf und runter, wir wissen doch, wie man Männer um den Finger wickelt!
Um das Verhältnis zu meinen Töchtern mache ich mir keine Sorgen. Aber was mache ich mit einer öden Schwiegertochter? Immer reden alle von der bösen Schwiegermutter. Bin ich nicht, werde ich nicht, versprochen. Wie bitte, ich kümmere mich offensichtlich schon jetzt zu viel? Na, wofür hat man denn eine Mutter?
Im Ernst, was werde ich tun, wenn die Neue unserem Jungen nicht guttut? Da kann es hundertmal heißen, er sei erwachsen und müsse seinen eigenen Weg finden. Wie denn – mit der falschen Frau?
Was? Man wird nur erwachsen durch Lebenserfahrung, und dazu gehören Fehler? Hey, das ist mein Satz! Aber müssen die Kinder wirklich in dieselben Gruben fallen wie

die Eltern? Haften wir auf Baustellen denn nicht für sie? Also gut, ich werde einfach am Grubenrand warten. Und nie, nie so tun, als wüsste ich es besser! Ich habe aus den Fehlern meiner Mutter gelernt, jawohl.
Na ja, süß ist sie ja. Und ist ja auch nicht leicht, so als Neuling. »Kaffee??«

Diese Beziehung war nicht von langer Dauer …

Freitag, 17. Dezember

Hui! War bei Baby-Walz, das Weihnachtsgeschenk für die Bald-Eltern kaufen. Habe zielstrebig einen Bugaboo ausgewählt, den, wie ich jetzt weiß, Porsche unter den Kinderwagen. Momi will ja nur das Beste … an der Kasse dachte ich erst, dass noch jemand neben mir steht, dem die genannte Summe galt. Und der Sonnenschirm ging noch extra. Aber Winterreifen inklusive, na bitte. Doch der Wagen ist den Schreck wert, das hat die Verkäuferin mir gleich bestätigt. Und gratuliert zum ersten Enkelkind. Soll ich da etwa eine Billiggurke wählen?

Freitag, 31. Dezember

Freundin Helga stellt an Sylvester die Mottofrage des Jahres: »Sind Dumme wirklich glücklicher?«

Der 1. Januar ist ein schöner Tag, jedenfalls auf Sylt. Die Sonne scheint, die Luft ist mild, der Schnee taut, die Erstarrung auch. Der Winter hat uns im eisigen Griff. Morgen soll es wieder frieren und schneien, doch für heute gilt Zuversicht; ich mag solche Symbole.
An diesem hellen Morgen trage ich die neue Prada-Brille, sehe damit zu den kurzen Haaren aus wie Victoria Beckham für Arme. Posh Griese? Oha!
Wie soll man eigentlich aussehen als werdende Großmutter? Müttern sieht man das Glück ja oft an, bevor es richtig da ist. Bei Großmüttern gibt es keine körperliche Veränderung, nur die seelische. Aber die soll man ruhig zeigen. Also, ich möchte in jedem Fall weich wirken. Und kraftvoll. Verliebt sowieso. Den Typ nicht verändern. Bei Kaschmir bleiben. Werde sowieso immer Bermudas, Tods oder Unützer tragen, habe ja eine stattliche Sammlung aufgebaut über Jahrzehnte, weil sie interessanterweise nicht unmodern werden. Wie gesagt, ich mag Kontinuität. Und Selbstbetrug. Der Kauf zeitloser Schuhe ist schließlich eine vernünftige Anlage …

Wir haben auch selten Zeitgeist-Spielzeug gekauft. Panini-Bilder und Billigfiguren, klar. Aber im Wesentlichen haben wir in Lego und Playmobil investiert. Weil, siehe Barbie, noch kompensiert werden musste. Aber vor allem, weil es schön ist, wenn man ganze Welten bauen kann. Ich horte sie in großen Kisten.

Woran werden die Kinder sich erinnern, woran die Enkel, wenn sie dran sind mit Erzählen? Das Vermächtnis hat unser Jüngster an meinem fünfzigsten Geburtstag formuliert.

»Mama hat dieses familiäre Etwas, das einem stets ein Gefühl der Zugehörigkeit vermittelt. Wichtiger jedoch ist Mamas Begeisterung für die Aufnahme neuer Familienmitglieder, was einen Stammbaum mit all den Halb-Stief-quasi-pseudo-voll-eh-schon-und-sowieso-Geschwistern unmöglich macht. Es ist Mama zu verdanken, dass unser Haus immer eines voller Freunde und Fröhlichkeit ist.«

Wenn die eigenen Kinder so etwas laut sagen, wie soll man dann je über irgendetwas klagen?

Mein Fünfzigster war ein wunderbares Riesenfest bei Herbert, meinem alten guten Freund, in seinem Sansibar auf Sylt, unserem Seelenrestaurant, wo wir alles feiern, was viel bedeutet. Unsere Hochzeit, unsere Jubiläen und manchmal einfach nur unser Ferienglück. Das Fest war ein großzügiges Geschenk von meinem Mann mit allen, die in mein großes Leben gehören. Die Kinder, die Verwandten, die Freunde, die »Reservekinder«, also Freunde unserer Kinder. Alte, Junge, alle zusammen. Ein Erinnerungsreservoir. So groß wie Lake Mead.

Ich überlege schon, welche Erinnerungen ich schaffen könnte für die Enkel.
Parfümeure erklären häufiger bei der Präsentation ihrer neuen Kreation, dass der Duft ihrer Mutter, ihrer Großmutter sie inspiriert hätte. Wie wird meiner wohl sein? Pradas d'Irisé? Meer? Rosen? Kaffee??

An diesem Sylvester sagt eine Freundin sentimental: »Du hast ja deine Karriere!« Sie gehört zu den Frauen, die viel leisten, aber eben nicht in einem »Beruf«, und deswegen unter mangelnder Anerkennung leiden. Es ist schon erstaunlich, dass die Rollendiskriminierung nicht auszurotten ist. Sie nervt wie Giersch im Garten, der immer dann wieder auftaucht, wenn man schon frohlockt, ihn besiegt zu haben.
Denn es geht nicht um Karriere oder »nur« Haushalt, sondern um ein erfülltes, eigenes Leben. Dafür sind wir verantwortlich. Aber wir sollten uns nicht von anderen ver-

unsichern lassen und auch andere nicht verunsichern. Entscheidend ist: Unser Sein muss mit denen, die uns nahe sind, kompatibel sein.

Montag, 3. Januar

Update von Anna. Baby ist wirklich ein Mädchen, 29 Zentimeter. Wow! Der Arzt ist ein Scherzkeks. Baby hätte keine rechte Hand, hat er beim Ultraschall gesagt. Hm. Nee, sie stütze nur gemütlich den Kopf darauf, deswegen konnte man sie nicht richtig sehen. Sehr witzig! Allerdings ist die Information, dass Baby schon jetzt lässig die Denkerstirn hält, natürlich ein gutes Omen.

Sonntag, 8. Januar

Wir sind zurück aus den Weihnachtsferien, auf dem großen Lesetisch (Ikea, höhenverstellbar, ein Hit!) in meinem Arbeitszimmer hat Anna ihre Beute aus den USA dekoriert. Am Ende hat sie dann nämlich doch eingekauft, alles andere wäre in einer Super-Schnäppchen-Outlet-Mall von Ralph Lauren auch nur mit Schwangerschaftsdemenz zu entschuldigen. Das vernünftige Kind hat natürlich auf Zuwachs gekauft. T-Shirt-Kleidchen und Hängerchen mit passender Rüschenhose. Ein gesmoktes Kleidchen. So süß! Solche hatten wir auch. Ich muss sofort an Tante Lissi denken, die strickte wohlwollend Wollhosen. Mit denen hätte man auch Töpfe reinigen können, so haben die gekratzt. Wir haben sie trotzdem getragen. Warum? Wir kannten es nicht anders. Ein Ralph-Lauren-Outlet gab es nicht. Und auf so verrückte Ideen wie eine gewisse Momi sind Großeltern damals nicht gekommen. Die kaufte doch tatsächlich einen roséfarbenen Schlafsack aus Zopfmuster-Kaschmir … Nun, da war plötzlich während einer Dienstreise dieses Geschäft auf den Hamptons, wir hatten eine Stunde freie Zeit, der Dollar stand günstig … Dem passenden Strampelanzug hat Momi tapfer widerstanden.

Solange Kinder keine Beziehung zu Geld haben, kann man ihnen ja anziehen, was man will. Ruhig teuer, wenn das Budget es hergibt. Man tut es ja für sich. Die Kinder wären auch in verwaschener lila Strumpfhose, grün-gelb geringeltem Jäckchen und verschiedenen Socken zufrieden. Männer übrigens auch. Ein Klassiker ist doch: Frauen kleiden ein, Männer ziehen über. Da darf man aber als Frau nicht meckern und sich dann wundern, dass die Männer keine Lust haben, sich in den Haushalt einzubringen. Alles hat seinen Preis. Wenn Kinder wissen, was ein Preis ist, muss man leider auch als Eltern und Momi vernünftig werden beim Einkaufen.

Wobei ich, ehrlich gesagt, schon viel Energie in Geschmackserziehung gelegt habe. Die Jungs bekamen schon im Sandkastenalter kleine Sakkos, die sie auch im Sandkasten tragen durften. Ich wollte gern, dass sie sich selbstverständlich darin bewegten, nicht verkleidet.

Als unser Großer vierzehn Jahre jung war, kam er am Heiligabendnachmittag in die Küche, wo wir Frauen Gürkchen und Fleisch schnippelten für Bœuf Stroganoff, was wir jedes Jahr essen, und er sagte: »Mann, bin ich froh, dass wir uns umziehen müssen.« Huch? »Ich hab Typen in der Klasse, die machen im gleichen Sweatshirt weiter, das sie die ganze Woche in der Schule anhatten. Und sie kennen schon alle Geschenke, haben die mit den Eltern vorher zusammen gekauft, damit es keinen Stress unter dem Tannenbaum gibt. Wie soll man sich da noch freuen? Da haben wir es doch viel besser!«
Ich war zutiefst gerührt, stellte »Driving home for Christmas« extra laut und fühlte mich schon vor der Bescherung beschenkt.

Freitag, 14. Januar

Habe mal wieder *Brigitte* gelesen. Nee, nicht *Woman* für die Frau ab vierzig, sondern die gute, alte Frauenversteherausgabe. Darin fand sich eine Strickanleitung für Babys und Kleinkinder. Damit das Kind dann beglückt sagen könne: »Das hat alles Mama gemacht.« Wie wäre es denn mal mit: »Das hat alles Momi gemacht??« Vielleicht sollte ich die Nadeln mal wieder hervorholen. Früher haben wir ja gestrickt wie besessen. Ganze Gegenden mit Schafen und Bergen haben wir in Wolle verewigt. Inzwischen ist das wieder modern. Am liebsten habe ich für meine Babys gestrickt, kleine Pulloverchen, die waren nicht zu bekommen, es fing ja damals erst an mit H&M und Co. Und Zara, wo wir neulich die winzige graue Strickjacke im Mami-, Tanten- und Momi-Partnerlook gekauft haben, war noch in weiter Ferne.

Unsere Mutter war jedes Mal entsetzt, fragte vorwurfsvoll: »Wie kannst du dem Baby so etwas schon anziehen?«

»Ganz einfach: über den Kopf.«

Im Ernst, mit einem U-Boot-Ausschnitt wird die Fontanelle doch nicht beschädigt. Ich mochte noch nie Frotteestrampler mit Entenapplikationen. Hatte aber viele. Mit Pulli drüber war das Problem gelöst, bis auf das Frottee.

Doch was braucht ein Baby wirklich? Anna war tatsächlich zur Beratung bei Baby-Walz. Ich bin natürlich skeptisch.

Das ist doch so, als würde man alte Leute mit einem Fachverkäufer bei Saturn allein lassen.

Na ja, ich hab gut lästern. Ich war schließlich selbst froh, dass ich, beruflich in Paris, zufällig zwischen zwei Terminen bei Baby Gap vorbeikam. Und zurück- und hineinging. Jedenfalls haben wir jetzt schon mal ein Sylt-Sommeroutfit: weiße Hose, Jeansjacke, Wildlederstiefelchen.

Bei Anna wurden aber offenbar schon wieder Ängste eingereicht. Nicht von der Fachgeschäftberaterin, nein. Von anderen, wohlwollenden Mitmenschen. Klar. Und doch Blödsinn. Warum werden die jungen Mütter heute so verunsichert? Mit dem Schwangerschaftskurs wurde der Kreißsaal besichtigt. Jede noch so einprozentige Eventualität wurde genau erklärt, ein junges Mädchen aus der Gruppe bekam einen Weinkrampf. Man soll die Geburt sicher nicht naiv angehen, aber wenn es so weit ist, dann ist eh Ausnahmezustand, mobilisiert der Körper alle Kräfte. Und vor allem: Eigentlich ist alles egal, Hauptsache raus! Angst ist dabei kein hilfreicher Begleiter.
Nun also hatte jemand Anna erzählt, dass man heute die Gitterbettchen nicht mehr mit einem Nest, der wattierten Umrandung, zur Kuschelzone machen darf: Die Kinder könnten daran ersticken. Meine Güte! Natürlich braucht man ein Nest! Als unsere beiden mittleren Kinder im eng-

lischen Internat ihre Vierbettzimmer bezogen, war der Stoffstreifen das Erste, was ich an die Wand klebte (doppelseitiges-Tesa, Nageln war verboten). Noch vor dem Sternenhimmelposter an der Decke. Ein kleines Zuhause.

Zum Glück ist Anna souverän. Wir können Erfahrungen austauschen.

Freitag, 28. Januar

Anruf Nini. »Wenn Anna in Mutterschutz geht, kann ich dann Tantenschutz beantragen?«

Donnerstag, 10. Februar

»Wie geht es Anna?«, erkundigt sich meine beste Freundin. Erwischt! Ich habe sie lange nicht gefragt. Es war so wahnsinnig viel Arbeit. Und ich habe es immer so gehalten, nicht unruhig zu werden, wenn ich nichts höre. Im Gegenteil. Schlechte Nachrichten kommen immer durch. Ich frage nicht nach ihnen.

Donnerstag, 24. Februar

Mail von Anna
Betreff: Baby News

Baby ist zu 100% ein Mädchen, da wächst auch nichts mehr. Sie ist jetzt 40 cm groß und wiegt ca. 1750 gr. Das ist für jetzt genau richtig: nicht zu wenig und nicht zu viel. Und sie hat noch viel Platz, da ich – großzügig wie ich bin – ihr eine Riesenwohnung zur Verfügung stelle ... meine Gewichtszunahme ist eher unterdurchschnittlich, fast zu wenig! Ha! Dass mir das mal einer sagen würde.

Freitag, 4. März

Freundin Kathrin schenkt *mir* zum Geburtstag einen Wippie! Eine tolle Idee!

Samstag, 5. März

Der Kollege Jens Meyer-Wellmann schreibt in der *Welt* eine köstliche Glosse: Enkel rächen die Großeltern. Ich werde sie sicher häufiger vorlesen, später:

Jede Kindheit hat ihre eigenen Gesetze, in meiner begann der Ärger immer mit Bach. Erst die Brandenburgischen Konzerte zum Käsenutellabrötchen und dann: »Kinder, wir machen einen Sonntagsspaziergang.«
»Och nee, wir haben doch gerade erst einen gemacht.«
»Das war vor sechs Wochen.«
»Ich bleibe hier.«
»Du kommst mit. Wir haben so wenig gemeinsame Familienzeit.«
»Nö, ich bleibe hier. Ihr könnt nicht über mich bestimmen. Dies ist ein freies Land.«
»Aber nicht da, wo ich bin. Du brauchst frische Luft, zieh dir die Jacke an.«
Neindochneindochnein.
Und dann bleibe ich zu Hause und habe es mir mit meinen Eltern auf Wochen verscherzt. Oder ich gehe widerwillig mit und versaue nach Kräften die Sonntagsstimmung. Bis sich jeder auf den Montag freut.
Heute ist es immer noch so. Nur dass ich jetzt derjenige bin, der von Familienzeit und frischer Luft und gesunder Bewegung redet. Immerhin variiere ich die Musik und lege meinetwegen

die Goldbergvariationen oder das fünfte Klavierkonzert auf, aber in Wahrheit fühle ich mich wie in einer Wiederholungsschleife.

»Ich komme nicht mit.«

»Doch, gutes Wetter, Niendorfer Gehege, Rehe füttern, Kollauwanderweg, von mir aus auch Elbe.«

»Nein, du kannst mich nicht zwingen.«

»Ich gebe auch ein Eis aus, Max.«

»Dann bring es mir mit.«

»Eine Woche Nintendoverbot.«

»Erpresser.«

Und so weiter, und so weiter, immer dasselbe, erst Bach, dann Krach, und ich frage mich, warum ich nicht jeden Tag in die Redaktion gehen darf.

Mit dem Sechsjährigen ist es nicht anders – auch alltags und ganz ohne Johann Sebastian.

»So, jetzt ins Bett.«

»Nein, ich bin nicht müde.«

»Ins Bett.«

»Du kannst nicht bestimmen, wann ich ins Bett gehe.«

»Doch, kann ich.«

»Du kannst mich nicht zum Schlafen zwingen. Ich schlafe, wenn ich müde bin. Ich bin aber nicht müde.«

Eisversprechen, Fernsehverbot, sinnloses Brüllen, am Ende Um-Mitleid-Winseln: »Paul, bitte, ich musste viel arbeiten und bin müde.«

»Dann geh du doch ins Bett.«

Vielleicht ist es instant karma. Die eigenen Eltern rächen sich mittels ihrer Enkel für jedes einzelne Sonntagsspaziergangsgezeter, das man ihnen angetan hat. Das ist zwar viele Jahrzehnte her, aber es gibt keine Verjährung. Hin und wieder rechne ich nach, wann ich frühestens meine ersten Enkel bekommen könnte. Ich will, dass sie mich rächen.
Morgen ist Sonntag. Zum Frühstück werde ich zur Abwechslung mal nicht Bach spielen, sondern Led Zeppelin, AC/DC oder Rage Against the Machine. Vielleicht ändert das etwas. Danach gehe ich joggen. Allein.

Donnerstag, 10. März

Mail von Anna, dem Mugel (halb Mensch, halb Kugel)
Betreff: Baby-Update

Baby ist eine Streberin. Sie hat beim CTG wieder zehn von zehn Punkten bekommen und wiegt jetzt ca. 2000 gr. Außerdem ist sie Ausdauersportlerin und bewegt sich fast die ganze Zeit. Sie lag heute auch schon mit dem Kopf nach unten, hat sich dann aber in ihrer Loftwohnung doch wieder in die Seitenlage gedreht. Das darf sie auch noch bis zur 36. Woche – also alles gut.

Gibt es schönere Nachrichten?
Nein.
Aber schlimmere.

Samstag, 12. März

Es war nicht nur ein verheerendes Erdbeben in Japan, so stark wie nie zuvor gemessen. So grauenhaft für sich. Nun verdichten sich die Meldungen, dass der ausgelöste Tsunami mit seiner vernichtenden Gewalt auch eine atomare Katastrophe ausgelöst hat: Das Kernkraftwerk Fukushima ist wohl schwer beschädigt.
In welcher Welt wirst du aufwachsen, kleine Enkelin? Elektroautos sind das eine. Aber wird dein Horizont verbaut von Windrädern? Werden verkarstete Brachen überall im Land röcheln, weil der Anbau von Mais für Biosprit alle vernünftigen Grenzen gesprengt hat? Werden wir nur noch ängstliche Verhinderer sein?
Oder lernen wir?

Dienstag, 17. März

Wie soll das Kind nur heißen? Amelie? Emilie? Emma? Das ist noch schwerer, als den passenden Großmutter-Ersatznamen zu finden.
Anna schickt die Liste der häufigsten Vornamen des Jahres 2010:

1. Mia
2. Hannah / Hanna
3. Lena
4. Lea / Leah
5. Emma
6. Anna
7. Leonie / Leoni
8. Lilli / Lilly / Lili
9. Emilie / Emily
10. Lina
11. Laura
12. Marie
13. Sarah / Sara
14. Sophia / Sofia
15. Lara
16. Sophie / Sofie
17. Maja / Maya
18. Amelie
19. Luisa / Louisa

20. Johanna
21. Emilia
22. Nele / Neele
23. Clara / Klara
24. Leni

Damit scheiden alle drei oben überlegten aus, sie sind unter den ersten achtzehn (www.beliebte-vornamen.de). Jahrgangsnamen sind irgendwann frustrierend. So schön Emma zum Beispiel klingt, ganz abgesehen davon, dass der Name auch gern für Labradore gewählt wird, spätestens wenn in der Grundschule gleich vier Emmas hochgucken, wenn die Lehrerin den Namen aufruft, ist die Magie wahrscheinlich dahin. Natürlich immer noch besser als Cindy oder Mandy. Sich von einem solchen klischeebelegten Vornamen zu emanzipieren und kein Sonnenstudio zu eröffnen, ist ungleich schwerer, als mit einem inflationären Klassiker klarzukommen. Es gibt ja inzwischen reichhaltige Studien darüber, wie Eltern den Karrieren ihrer Kinder von vornherein Riegel vorschieben können, wenn sie den Vornamen nicht im Zusammenhang mit dem Nachnamen und vor allem langfristig bewerten, sondern womöglich aus einer Laune heraus zuschlagen oder bevorzugt in der Schlagerwelt nach Inspiration suchen. Oder es mit amerikanischen Filmleuten halten: Zoe etwa. Das klingt einfach nicht, wenn es, wie jüngst wieder in einem Supermarkt erlebt, in Berliner Mundart und dann pointiert noch in die

Bestandteile Zoo und EE zerlegt, durch die Regale hallt. »ZooEEE, wo bissu? ZooEE, komm jetzt nach Mama!!« Ein Knaller!

In unserer Patchworkfamilie gibt es zwei Maximilians, individuell ausgesucht damals, die Platzierung auf der Hitliste wurde veröffentlicht, als es schon zu spät war. Wir kamen schnell auf Mäx und Max, das schien klar und einfach. Dann machten wir Ferien im Robinson-Club auf Fuerteventura. Die Jungs waren noch ziemlich klein. Im Kinderclub sollten alle Anwesenden ihren Namen nennen. Man hätte die Gruppe auch die Maximilianer nennen können. Nachdem also gefühlt jeder Junge vor ihm seinen Namen genannt hatte, guckte der kleine Max den älteren Mäx an und sprach dann.

Er sprach übrigens mit der ihm eigenen tiefen Stimme, die zwar cool war für einen so zarten Jungen, mich aber lange nervös gemacht hatte, fürchtete ich doch in den ersten Jahren, dass dies eine Folge von übermäßigem Champagnerkonsum war. Ich hatte nämlich nicht damit gerechnet, wieder schwanger zu sein, so kurz nach dem anderen Kind, und merkte auch nichts bis ungefähr zum fünften Monat. Es war die Zeit, in der wir viel eingeladen waren, weil mein damaliger Mann der Stolz der Segelnation war, weil er Silber bei den Olympischen Spielen gewonnen hatte. Und wie das so ist, wenn »Mann« gefeiert wird: Die Frau bekommt auch Champagner. Konnten wir uns gar nicht leisten damals, musste also bei jeder Gelegenheit ausgenutzt werden. Und wie! Ich hatte gerade aufgehört zu stillen und ließ es krachen. Oder ploppen, muss es wohl besser heißen. Also, jedenfalls machte es mich ganz schön nervös, als der Arzt dann feststellte, dass in meinem Champagnerbauch ein kleiner Junge schwamm. Und dann seine Stimme. Als hätte ich auch noch geraucht, was ich zum Glück nie musste, seit ich mit fünf Jahren eine Zigarette heimlich mit den großen Kindern der Straße hinterm Haus gepafft und gleich gelitten hatte und dementsprechend für immer geheilt war. War die tiefe Stimme womöglich ein Indiz dafür, dass nicht nur ich, sondern auch das Baby gefeiert hatte? Der Hinweis auf Folgeschäden? So richtig beruhigt und im Reinen mit mir war ich eigentlich erst, als der Kleine, dann schon groß, in Boston seinen Uni-Abschluss mit Auszeichnung machte.

Nun. Nach all den Maxen also sagte der Lütte klar und deutlich: »Ich heiße Joachim.«

Hö?

Nie zuvor hatten wir das gehört. Ich wusste gar nicht, dass er es wusste. War sein Doppelname »Joachim Maximilian« doch die in traditionellen Familien übliche liebevolle Reverenz an die Vorfahren, die Großväter, den Vater. Aber Joachim war eigentlich nur ein Urkundenname. Doch dem Kleinen war es offensichtlich zu viel geworden mit der Massenabfertigung. Er blieb gleichwohl Max. Ich nenne ihn seither Joey.

Sonntag, 20. März

Bin auf dem Weg nach Sylt, nur kurz leider, die Rosen müssen dringend geschnitten werden. Ja, ich weiß, das klingt affig, ist aber so. Ich habe mir das nicht bei den Cornwall-Schmonzetten abgeguckt, es ist mir ein Bedürfnis, mein Kloster gewissermaßen. Ich halte es da mit Charles, dem Prinzen von Wales, den habe ich eh gern, schon wegen seines Humors. Ich habe ihn ein paar Mal getroffen, das erste Mal schon Mitte der Achtziger, ausgerechnet in Kiel. Es war ein privater Besuch, das machte das Plaudern unkompliziert. Damals verstand ich, warum die Ehe mit Diana nicht entspannt war. Ihr fehlte dieser Witz, Camilla hingegen hat ihn. Seine Jungs auch. Charles jedenfalls spricht mit seinen Pflanzen. Ich tue das auch, ich fahre ihnen auch mal versonnen übers Grün. Man muss dafür keinen Esoterikkurs belegen. Man kann auch seinem Instinkt folgen. Oder der Programmierung vielleicht. Unser Vater wollte ja so gern Landwirt werden. Ich hab auch manchmal Lust, Salat anzubauen. Bin auch wahnsinnig gern draußen an guter Luft. Kann mich besoffen trinken an den Jodatomen, die die stürmische Nordsee versprüht. Bis heute ist es mein Schönstes, durch hohe Brandung zu tauchen und im Meer zu toben. Hoffentlich werde ich dafür nie zu alt. Mein Lieblingswetter sind zweiundzwanzig Grad, leichter Wind, Schäfchenwolken und Himmel bis zum Horizont. Ich verstehe die Rosen gut: Auf Sylt wachsen sie wie kleine

Bäume, produzieren den ganzen Sommer über dicke Duftwolken. In der Stadt nückert dieselbe Sorte vor sich hin.

Baby wird bestimmt ein Strandkind, das auch mal Sand essen darf. Ich glaube nicht, dass seine Eltern kompliziert sind. Und sie wird kleine Wasserburgen bauen und verteidigen, bis die Flut gewinnt, wie Generationen vor ihr. Sie wird Muscheln bemalen und am Strandzugang verkaufen. Und wir werden schauen, ob es vielleicht noch Seesterne gibt. Uns riesig freuen, wenn ein Priel entstanden ist, jene Wasserkuhle zwischen Strand, Sandbank und Meer, in der man als kleiner Mensch sicher plantscht. Und wir werden mit dem Bollerwagen (ich hab schon einen bestellt, bei UlfBo, hehe) durch die Heide ziehen, tief atmen und albern und uns frei fühlen.

Von Sir Richard Branson stammt folgendes Zitat: »Ich war immer der Meinung, dass ein Heim nicht nur aus Ziegeln, Mörtel und einer Postleitzahl besteht, sondern aus all den Erinnerungen, auf die man sich besinnen kann, wenn das Leben einem übel mitspielt oder wenn alles hoffnungslos erscheint, um nicht zu vergessen, welches Glück man wirklich hat, Menschen in seinem Leben zu haben, die einen lieben. Für mich ist dieser Ort Neckar Island.« Das ist seine (mietbare) Privatinsel im Atlantik.

Doch es geht nicht um den Luxus. Für andere ist es der Schrebergarten. Der alte Resthof auf dem Land. Die Hütte in den Bergen. Für mich ist es Sylt. Unser Ferienort von Babyjahren an.

Hundert Mark lagen da. Einfach so am Weg. Hundert! Ich war sechs, als ich diesen unglaublichen Schatz in der Heide von Kampen fand. Damals, Anfang der Sechzigerjahre, gab es, wie gesagt, zwanzig Pfennig Taschengeld in der Woche, und der Kuba-Cola-Lolli beim Gemüsemann kostete fünf Pfennig. Jahr um Jahr mieteten wir den Strandkorb am selben Platz, gleich an der Düne, wenn man den Steg am alten Leuchtturm vorbei herunterkommt.

Wir Kinder waren stolz, wenn wir bei den Rettungsschwimmern in der roten Bude sitzen durften, liebten die Brandung und lernten Respekt vor Strömung und Feuerquallen und wie man Spiegeleier auf einer Schaufel brät. Wir wurden morgens um neun aus der Wohnung gelassen und vor 19 Uhr nicht wieder hinein. Und die Eltern brachten Kurt, dem Strandkorbvermieter, immer eine Flasche Rum mit. Weil er stets einen schönen Korb für uns reservierte. Kurt wie »Kurtkarte«, Sie erinnern sich …

Kurt ist vor einigen Jahren gestorben. Milo ist sein Nachfolger. Der hat auch eine weiße Strandkorbvermietermütze und ist genauso nett. Aber Rum bringt man nicht mehr mit.

Den Gemüsemann gibt es auch schon ewig nicht mehr. So wie den Schlachter und den Bäcker gegenüber vom Parkplatz, das Milchgeschäft, wo man die Kanne über den Tresen reichte. Wenigstens gibt es wieder einen guten kleinen Supermarkt.

In Kampen wird jetzt vor allem verkauft, was dem schönen Schein dient. Uhren, Schmuck, Klamotten, Kosmetik, Kunst. Eine große Verführung. Es müsste mal jemand eine Doktorarbeit über den Einfluss von jodhaltiger Luft auf das Kaufverhalten von nordrhein-westfälischen Urlaubern unter besonderer Berücksichtigung von Schlechtwetterfrust, Kaschmirsucht und belastbaren Kreditkarten verfassen. Eine reizvolle Aufgabe. Schon weil man zwecks Studien gleich mehrere Wochen vor Ort verbringen könnte.

So wie früher die Autoren von Peter Suhrkamp. Der unterhielt eine Ferienpension für schreibblockierte Schützlinge. Kampen war nämlich auch immer ein Ort der Literaten und Künstler. Thomas Mann etwa notierte befriedigt: »Hier habe ich tief gelebt.«

Berühmt ist die morgendliche Schlange vor Bäcker »Speck«, der besonders kleine Brötchen bäckt. Artig stehen im Sommer die Wirtschaftsgrößen der Nation in kurzen Hosen, aber ohne Handy auf dem Parkplatz vor dem gerade renovierten Laden und warten, bis sie an der Reihe sind. Manchmal sind die Brötchen aus. Gemurrt wird nicht. Keine Aktennotiz verfasst. Die einen Manager gehen halt zu Mönchen, die anderen in die Schlange vor Speck.

Ärgerlich ist, dass die Tankstelle in Kampen aufgegeben wurde, wie fast alle auf der Insel. Das war ein Schritt zu viel im lukrativen Inselwahn, immer mehr Friesenhaus-Imitate mit Raum für Boutiquen zu schaffen. Bei Plambecks wurde noch von Hand gewaschen, Kindern kostenlos die Fahrräder aufgepumpt und ein Schnack gehalten, wie es sich für Friesen gehört. Und jetzt kann man nicht einmal mehr in Wenningstedt tanken. Die Vespa wird per Kanister befüllt, sonst ist der Tank leer, wenn man von der Tankstelle in Westerland oder List wieder in Kampen ist. Ein Problem ist das jedoch nicht. Wäre auch absurd.
Eine bodenständige Komponente im Strohdach-Perfektionismus ist immer noch da. Niedrige Häuser unter Reet mit Sprossenfenstern, Gartenanlagen mit Friesenwall, Heckenrosen, Margeritenkübeln und Fahnenmast prägen das Erscheinungsbild der kleinen Gemeinde, die als die reichste des Landes gilt und in jedem Fall Punktsieger bei den Immobilienpreisen ist. Schickimicki ist es trotzdem nicht – bis auf ahnungslose Ausnahmen, die das Angeben nötig oder mehr Schein als Scheine haben. Es ist eher bis an die Grenze der Spießigkeit gepflegt.
Dort, wo ich den Hundert-Mark-Schein fand – und anschließend mit affenartiger Geschwindigkeit nach Hause sauste –, steht längst ein Haus. Und in den Läden dort, bei Chopard, Luis Vuitton, Tod's oder Homberg, kommt man mit hundert Mark nicht weit. Auch nicht mit hundert Euro.

Es gibt auch keine Strandburgen mehr. Weil es zu mühsam ist, die Körbe bei Sturm zu bergen. Und Hochwasser kann es auch im Sommer geben, dann schäumt der Strand, und Baden ist verboten. Wir sitzen zwar immer noch gleich unten, wenn man den Steg herunterkommt. Allerdings Hunderte Meter weiter ins Land hinein.
Die alten Plätze sind längst Meer, es frisst unaufhörlich: Tobt, höhlt, spült. Als vor Jahrzehnten eine neue »Sturmhaube« mit Restaurant, Kiosk und Massagebetrieb gebaut wurde, weil das Kliff Winter für Winter dem alten Gebäude näher kam, da haben wir spöttisch den Kopf geschüttelt: Das Strandrestaurant so weit ins Land hinein zu setzen. Blödsinn! Müßig zu sagen, dass die neue Sturmhaube mittlerweile sehr schnell vom Strand aus erreichbar ist.
Das Meer ist unheimlich schön und genauso brutal. Aber man kann es nicht loben, man kann nicht schimpfen mit ihm. Man muss ihm den Sand wieder wegnehmen. Vorspülungen, bei denen der Sand durch riesige Rohre zurückgepumpt wird, sind die bislang einzig wirksame Schutzmaßnahme für die Küste. Eine millionenteure Sisyphosarbeit. Aber sie lohnt sich. Sylt ist einmalig in seiner Vielfalt zwischen Zeltplatzidylle und Champagnergelage, zwischen Westerländer Bausünden und Keitumer Kapitänshäusern, zwischen tobendem Meer und wogender Heide. Anders als die gediegenen Nordseeschwestern Amrum und Föhr und gar nicht zu vergleichen mit den Ostseegirls Rügen oder Usedom. Und Deutschland Mini-

mundus, eben nicht nur Platz für die »Schönen und Reichen«; das ist ein viel zu simples Klischee.
Es hat sich viel verändert. Und im Grunde doch gar nichts. »Rüm Hart – Klaar Kimming« – reines Herz und klarer Blick – steht auf der Nationalflagge der Insel, und so ist es auch. Deswegen wird man süchtig. Auf Ebbe folgt die Flut, auf Sturm die Ruhe. Darauf kann man sich verlassen.
Früher waren die Feste wilder, heute sind die Uhren teurer. In den Siebzigerjahren sind die Leute in der Diskothek *Village* in Klamotten in den Pool gesprungen, um dann nackt weiterzutanzen. Heute ist alles gesitteter, schicker, aber trotzdem lustig und manchmal zu hochprozentig und das *Village* ein Hotel. Noch immer feiern die Alten mit den Jungen gemeinsam die Nacht durch. So wie die Grundwerte Schlafen, Essen, Durchatmen die Zeit überdauern. Die prickelnde Luft, die unendliche Weite des Himmels, die Wolkeninszenierungen, das spezielle Licht, die Rottöne des Sonnenuntergangs, der Wind, das Wasser, der Duft. Das kann man nicht beschreiben. Höchstens malen, wie Nolde. Und man muss es mögen. Lernen kann man die Liebe zu Sylt nicht. Das ist wahrscheinlich genetisch angelegt oder eben auch nicht.
Das Wetter kann furchtbar sein. Auch im Sommer. Aber man weiß es nie, und es hält die wenigsten fern. Denn nirgends ist – wenn es da ist – schönes Wetter so schön.
Auch im Winter. Wir feiern meistens Weihnachten dort oben, es ist ja unser Familienort. Dann herrscht eine ganz besondere Stimmung, denn es ist dunkel und still, die Insel

ist ganz bei sich, erholt sich vom Saisontrubel, der mit dem Flugbetrieb neue Dimensionen erreicht hat und kurz vor Sylvester wieder beginnt; aber in den Tagen um Weihnachten liegt eine ganz besondere Magie auf den Kiefernspitzen. Auch das ist natürlich eine subjektive Wahrnehmung. Wir waren auch einmal (nur einmal, nach dem Tod unserer Mutter) Heiligabend in den Bergen, dort war die Atmosphäre ähnlich, die selige Mischung aus viel unberührter Natur und Geborgenheit am Küchentisch. Und genau das ist eben »unser Sylt«.

Hundert Mark. Wir haben den Schein zum Bürgermeister ins »Kamp Hüs« getragen. Das gehörte sich so, da war unser Vater kompromisslos. Wenn sich binnen eines Jahres der Besitzer nicht melden würde, dürfte ich das Geld behalten. Ich hatte Glück. Und nie wieder so viele Kuba-Cola-Lollies wie im Sommer 1964 …

Überhaupt sind meine glücklichsten Kindheitserinnerungen mit der Insel verknüpft. Weil Kampen für uns große Freiheit bedeutete, aber auch familiäre Nähe. So groß unser Elternhaus war, so klein war die Ferienwohnung. Zwei Zimmer nur, ein Wohnraum, ein Elternschlafzimmer, die Küche kleiner als die Gästetoilette zu Hause. Wir Kinder schliefen in separaten Kellerzimmern auf quietschenden Etagenbetten zusammen mit schwarzen Spinnen und Mickymaus-Heften, die wir extra für die Ferien bekamen. So wie die hellblaue »Für-Gut«-Ausstattung, Pulli und Hose, alle fünf die gleichen Modelle, denn zwei Mal in den meist sechs Wochen gingen wir essen. Das war so aufregend! Allerdings: Den gleichen Look wie die kleinen Geschwister zu tragen, muss man als großer Bruder auch erst einmal aushalten … Am schlimmsten muss das dunkelblaue Frottee-Set gewesen sein, fünf Mal Shorts mit Matrosen-Oberteil, darin wackelte die Entenfamilie hinter der stolzen Mutter in weißer Frotteejacke her durch die Heide an den Strand. War bestimmt chic damals.

Aber ich hab gut lästern. Erst kürzlich haben wir in einer »Gesprächstherapie« bei gutem Wein die Oilily-Phase aufgearbeitet. Ich fand ja, unsere Kinder sahen süß aus in den türkisgrünblau geringelten Einteilern …

Eine Waschmaschine hatte unsere Mutter in Kampen nicht, das Nötigste steckte sie ab und zu in den Dampfkochtopf. Nach drei Wochen gab es frische Strandhandtücher, wir schleppten inzwischen auch wirklich tonnenschwer an dem vor lauter Salz und Sand brettharten Frottee. Heute ist so was undenkbar. Aber es gab auch Tri-Top-Sirup jeden Tag und vor allem: Zeit mit den Eltern. Manchmal waren wir auch Weihnachten dort, unser Vater hatte einmal ein Zehntausend-Teile-Puzzle bekommen, wir legten es auf dem Esstisch, was zur Folge hatte, dass nur noch am kleinen Sofatisch in Schichten gegessen werden konnte. Herrlich aufregend. Vor allem, weil an manchen Abenden für das Auffinden komplizierter Teile ganze

Schokoladentafeln (Sprengel, Vollmilch-Nuss!) ausgelobt wurden. Und ich war gut darin! Jup!
Oder wir spielten an diesem Esstisch stundenlang Canasta. Alle zusammen.
Wir waren auch Ostern immer da. Herr Hase versteckte die Eier in der Heide (bei jedem Wetter natürlich), wir Kinder schwärmten aus und brachten aufgeregt die Beute zu unseren Eltern. Wer die meisten gefunden hatte, war ein Sieger. Aber dann wurde gerecht aufgeteilt. Einmal beobachtete ich die Kinder aus der Nachbarwohnung beim Suchen. Der ältere Junge fand alles, das kleine Mädchen nur einen kleinen Schokohasen. Sie mussten nicht teilen, der Junge lachte laut, und das Mädchen weinte. Das fand ich sehr gemein. Ostern ist doch nicht die Schule des kalten Lebens!
Ich habe die Tradition des Teilens natürlich fortgeführt. Und bin immer noch als Frau Hase Ostersonntagfrüh unterwegs. Kinder werden nicht zu alt für fröhliche Gemeinschaftsrituale.
Trotzdem werden sie selbstständig, klar. Umso wertvoller für mich, dass auch für sie Sylt zum Seelenort wurde. Oft, wenn jetzt nur unser Hund und ich im Auto nach oben fahren oder wir gar die Bahn nehmen, dann denke ich daran zurück, wie ich mit vor Gepäck ausgebeultem Kombi und heulendem Motor zu Beginn der Sommerferien an den Schulen stand, sich alle schnell reinquetschten, fünf Kinder, Hunde, Ranzen, Rucksäcke, Zeugnisse, ich die Handtasche auf dem Schoß (Ja, nicht in Ordnung!

Aber wohin sonst?) und wir direkt durchstarteten in Richtung Norden, in Richtung große Freiheit. Jipeeh.
Was für ein großes Gefühl. Ich kann es zum Glück jederzeit abrufen. Die Kinder auch.

Samstag, 2. April

Anna bittet zum Babyshower. Eine köstliche amerikanische Erfindung, eine Art Kindergeburtstag für die werdende Mutter. Mit Spielen und Geschenken.

Peter schreibt eine E-Mail: Opa sein ist toll – der einzige Nachteil ist, man wacht jeden Tag neben einer OMA auf. Ha. Ha. Ha.

Samstag, 30. April

Es geht los! Baby macht sich auf den Weg. Wie angesagt. Beste Werte. Oh Mensch, die neuen Vorhänge im Babyzimmer hängen noch nicht!
Tapfere Anna, es wird fast achtundvierzig Stunden dauern. Sie macht es großartig.

Montag, 2. Mai

Um kurz vor sechs verlasse ich das Krankenhaus, unendlich dankbar und wie ferngesteuert, die Erschöpfung dringt durch. Ich setze mich ins Auto, stelle das Radio an, eine Stimme sagt: »Bin Laden ist tot.« Wie absurd gerade in diesem Moment.

Ich muss lächeln. Ein gutes Omen.
Das Böse verschwindet.
Josephine ist da.

Nachtrag: 6. Dezember

Ein Wonneproppen. Kerngesund.
Eine Persönlichkeit, von Anfang an.
Man kann nur zutiefst dankbar sein.

Josephine ist, klar, Großfamilienkind. Fremdelt nicht auf anderen Armen, Hauptsache, die bewegen sich vorwärts, seitwärts, irgendwohin. Es gibt ein Foto vom ersten Tag ihres Lebens, da grinst sie wie eine Lottogewinnerin. Doch wir sind es, die das große Los gezogen haben mit ihr.

Ihr erster Sommer auf Sylt war ein Erfolg: Sie schlief gleich durch … das hat sie sich inzwischen wieder abgewöhnt. Doch sie ist kein Quengelkind. Sie artikuliert klar und deutlich Hunger, Windel, manchmal Langeweile. Aber sind diese Anforderungen erfüllt, ist sie fröhlich, geradezu witzig und ausgesprochen redselig. Sie liest gern in ihrem Stoffbuch und quatscht den Figuren in ihrer Spielwelt die Ohren ab. Oder kaut sie durch. Die ersten Zähne sind bereits da, manchmal muss man sie daran erinnern, dass sie doch ein Baby ist. Auch dass es für die »TÜV-Untersuchungen« beim Kinderarzt nicht erforderlich war, nachzuweisen, dass man mit einem halben Jahr bereits quer durch die Wohnung kullern kann und sehr gern mit den Onkeln Fußball guckt.

Wenn es ihr zuviel wird, zieht sie Teddy übers Gesicht. Das ist eigentlich nur ein Frotteegesicht mit Lappenkörper, herrlich weich. Sie war gerade drei Wochen alt, da lag sie in ihrem Bettchen unter Teddy. Oh Gott, ein Schreck, die Luft!! Teddy wurde sorgsam an die Seite geräumt, eine kleine Hand grabschte umher und schon lag Teddy wieder über Augen und Nase.
Teddy ist ihr Sandmännchen und ihre Sonnenbrille. Sie schottet sich mit ihm vom Rest der Welt ab. Aber es geht auch umgekehrt. Wenn die Müdigkeit kommt, aber der kleine Wille denkt: Was soll ich schlafen?, dann hat es sich bewährt, sie in ihr Bettchen zu legen, Teddy aufs Gesicht – und Ruhe ist. Ist Teddy nicht greifbar, tut es auch eines der Baumwolltücher. Aber Teddy wirkt besser.

Kürzlich übernachtete sie mit bei mir im großen Bett. Special Opi, wie mein Mann heißt (aber das ist eine andere Geschichte), war nicht da. Und Anna sollte mal ausschlafen. Sie hatte fürsorglich aus einem Badelaken ein Hufeisen gelegt, eine Art Nest für Josephine auf der breiten Matratze. Wir schliefen gut, bis der Hunger kam. Ich wanderte in die Küche. Als ich mit frischem Fläschchen ins Schlafzimmer zurückkehrte, war Josephine unter dem Frotteeberg verschwunden. Schluck! Eilig zog ich das Handtuch weg. Und Baby? Grinste von einem Ohr zum anderen.
Das wird was werden mit ihr!
Herrlich.

www.collection-rolf-heyne.de

© 2012 Collection Rolf Heyne GmbH & Co. KG, München

1. Auflage 2012

Alle Rechte, insbesondere der Vervielfältigung, vorbehalten. Kein Teil des Werks darf in irgendeiner Form (durch Fotokopie, Mikrofilm oder ein anderes Verfahren) ohne schriftliche Genehmigung reproduziert oder unter Verwendung elektronischer Systeme vervielfältigt oder verbreitet werden.

Lektorat: Dr. Ulrike Strerath-Bolz, Friedberg/Bayern
Druck und Bindung: Ebner & Spiegel, Ulm
Printed in Germany

ISBN 978-3-89910-515-5

Das Personal hat heute frei.
WIR BITTEN UM VERSTÄNDNIS
A CLEAN HOUSE
IS A SIGN OF A
WASTED LIFE
COFFEE
CHOCOLATE
MEN
SOME THINGS
ARE JUST BETTER
RICH
Save Wat
Drink Cham
Coffee isn't a drug.
IT'S A VITAMIN!